LÓN ANAMA

Poems for Prayer from the Irish Tradition

Cnuasach de dhánta cráifeacha Gaeilge
maille le haistriúcháin i mBéarla

A collection of religious poems in Irish with
translations in English

Eagarthóir/Editor: Ciarán Mac Murchaidh

Leabhair eile leis an údar céanna/Other books by this author:

Cruinnscríobh na Gaeilge (Cois Life, 2002; eagrán nua méadaithe 2004).

'Who Needs Irish?': Reflections on the Importance of the Irish language Today (Veritas, 2004).

LÓN ANAMA

Poems for Prayer from the Irish Tradition

Cnuasach de dhánta cráifeacha Gaeilge maille le haistriúcháin i mBéarla

A collection of religious poems in Irish with translations in English

Eagarthóir/Editor: Ciarán Mac Murchaidh

I gcuimhne mo mháthar, Kathleen (1938–1991)
In memory of my mother, Kathleen (1938–1991)

Tá Cois Life buíoch de Bhord na Leabhar Gaeilge agus den
Chomhairle Ealaíon as a gcúnamh.
Foilsithe den chéad uair 2005 ag Cois Life
© Ciarán Mac Murchaidh agus na húdair
An dara cló 2006
ISBN 1901176592
Clúdach agus dearadh: Eoin Stephens
Clódóirí: Betaprint
Léaráidí le Julius Schnoor von Carolsfeld/Illustrations by
Julius Schnoor von Carolsfeld (1794-1872)
www.coislife.ie

Clár/*Contents*

Dánta/Poems

Sean- agus Meán-Ghaeilge/
Old and Middle Irish

An Ré Chlasaiceach/*Classical Period*

18ú agus 19ú hAois/*18th and 19th Centuries*

20ú hAois/*20th Century*

Traidisiún Béil/*Oral Tradition*

12

Admhálacha/
Acknowledgements

Foilsítear Dánta 1 'Tair Cucum, a Maire Boíd' [as James Carney (ed.). 1964. *The Poems of Blathmac*. Dublin] agus 19 'Déan Oram Trócaire, a Thríonnóid' [as N. J. A. Williams (ed.). 1980. *The Poems of Giolla Brighde Mac Con Midhe*. Dublin] agus a gcuid aistriúchán le caoinchead Chomhairle Chumann na Scríbheann nGaedhilge.

Foilsítear Dán 2 'In Gormríg ro Múchta' agus an t-aistriúchán [as Whitley Stokes (ed.). 1905. *Félire Óengusso Céli Dé*. Dublin]; Dán 28 'A Dhuine Chuireas an Crann', Dán 34 'Dia do Bheatha, a Naoidhe Naoimh', Dán 36 'An Díbirt go Connachta', Dán 37 'Adhraim thú, a Thaibhse ar gCrú', Dán 39 'A Íosa, a Naoimhspioraid' [as Pádraig de Brún *et al*. (ed.). 1975. *Nua-Dhuanaire I*. Dublin]; Dán 30 'Labhair Linn, a Mhùire Mháthar' [as Osborn Bergin (ed.). 1984. *Irish Bardic Poetry*. Dublin] le caoinchead Bhord Rialúcháin Scoil an Léinn Cheiltigh, Institiúid Ard-Léinn Bhaile Átha Cliath.

Poems 3 'Isam Aithrech', 4 'Adram in Coimdid', 5 'Dia lim fri Cach Sním', 6 'Ísucán', 7 'Cros Chríst', 8 'A Dé Dúilig, Atat-teoch', 9 'Is Mebul dom Imrádud', 10 'Rop tú mo Baile', 11 'Tórramat do Nóebaingil', 15 'Ropo Mían dom Menmainse' and 16 'Mo Labrad' and their translations are taken from Gerard Murphy (ed.). 1998. *Early Irish Lyrics: Eighth – Twelfth Century*, Dublin, and reproduced with the kind permission of Four Courts Press.

Foilsítear Dánta 12 'In Spirut Naem Immunn', 13 'A Choimdiu, Nom-chomét', 14 'A Choimdiu Baíd', [as Muireann Ní Bhrolcháin (eag.). 1986. *Maol Íosa Ó Brolcháin*. Maigh Nuad]; Dán 45 'A Rí an Domhnaigh' [as Máire Ní Shúilleabháin RSCJ (eag.). 1985. *Amhráin Thomáis Rua Uí Shúilleabháin*. Maigh Nuad] le caoinchead An Sagart. Foilsítear Dán 58 'Na Súile Uaine' [as Nuala Ní Dhomhnaill. 1982. *An Dealg Droighin*. Baile Átha Cliath]; Dán 59 'Dán do Mhelissa' [as Nuala Ní Dhomhnaill. 1984. *Féar Suaithinseach*. Maigh Nuad]; Dán 60 'Lá Chéad Chomaoineach' [as Nuala Ní Dhomhnaill. 1991. *Feis*. Maigh Nuad]; Dán 61 'Aistear' [as Nuala Ní Dhomhnaill. 1998. *Cead Aighnis*. An Daingean] le caoinchead Nuala Ní Dhomhnaill agus An Sagart.

Foilsítear Dánta 21, 'Fuaras Mian', 26 'A Shaoghail, ón, a Shaoghail' agus 27 'Ní Rí Fíre acht Flaith Nimhe' [as Láimhbheartach Mac Cionnaith (eag.). 1938. *Díoghlaim Dána*. Baile Átha Cliath]; Dán 66 'Is Peacach Bocht Mé [as Énrí Ó Muirgheasa (eag.) 1936. *Dánta Diadha Uladh*. Baile Átha Cliath] le caoinchead An Gúm.

Foilsítear Dán 50 'Smaointe um Thráthnóna (Meitheamh 1940)' [as Máire Mhac an tSaoi. 1971. *Margadh na Saoire*. Baile Átha Cliath] le caoinchead Mháire Mhac an tSaoi. Foilsítear Dánta 56 'Féile Chorp Chríost' agus 57 'Aoine an Chéasta' [as Liam Ó Muirthile. 1984. *Tine Chnámh*. Baile Átha Cliath] le caoinchead Liam Uí Mhuirthile.

Foilsítear Dánta 20 'Truagh mo Thuras go Loch Dearg' agus 42 'Gile mo Chroí do Chroí-se' [as Seán Ó Tuama (eag.) agus Thomas Kinsella (aistr.). 1981. *An Duanaire 1600-1900: Poems of the Dispossessed.* Baile Átha Cliath] le caoinchead Fhoras na Gaeilge.

Foilsítear Dánta 22 'Osgail Romham, a Pheadair', 31 'Caoin tú Féin, a Dhuine Bhoicht', 32 'Triúr atá ag Brath ar mo Bhás', 33 'Mo-chean do Theacht, a Sgadáin' [as T. F. O'Rahilly (eag.). 1927. *Measgra Dánta.* Dublin & Cork] le caoinchead Chló Ollscoile Chorcaí.

Foilsítear Dán 35 'Na hOcht mBeannaíochtaí [as Anraí Mac Giolla Chomhaill (eag.). 1985. *Bráithrín Bocht ó Dhún: Aodh Mac Aingil.* Baile Átha Cliath]; Dán 38 'Páis Chríost' [as Seán Ó Gallchóir (eag.). 1979. *Séamas Dall Mac Cuarta: Dánta.* Baile Átha Cliath]; Dán 40 'Marbhna Chathail Bhuí' [as Breandán Ó Buachalla (eag.). 1975. *Cathal Buí: Amhráin.* Baile Átha Cliath]; Dán 46 'Faoistin Raiftearaí' [as Ciarán Ó Coigligh (eag.). 2000. *Raiftearaí: Amhráin agus Dánta.* Baile Átha Cliath]; Dánta 47 'Cuireadh do Mhuire', 48 'Cuimhní Nollag' agus 49 'Crainn Oíche Sheaca' [as Máirtín Ó Direáin. 1980. *Dánta 1939-1979,* Baile Átha Cliath]; Dán 77 'Seacht nDólás na Maighdine' [as Angela Partridge. 2000. *Caoineadh na dTrí Muire,* Baile Átha Cliath] le caoinchead An Clóchomhar.

Foilsítear Dán 51 'I Reilig na mBan Rialta', [as Deirdre Brennan. 1984. *I Reilig na mBan Rialta.* Baile Átha Cliath] agus Dán 52 'Sceilg Mhichíl' [as Deirdre Brennan. 2000. *Ag Mealladh Réalta.* Baile Átha Cliath] agus na haistriúcháin le caoinchead Dheirdre Brennan; Dán 53 'Guímis' [le Caitlín Maude, as Ciarán Ó Coigligh (eag.). 2005. *Caitlín Maude: Dánta, Drámaíocht, agus Prós.* Baile Átha Cliath] le caoinchead Chathail Uí Luain; Dánta 54 'Cúrsa Spioradálta' agus 55 'Oíche Nollag Beag' [as Máire Áine Nic Ghearailt. 1990. *Leaca Liombó.*

Baile Átha Cliath] le caoinchead Mháire Áine Nic Ghearailt;
Dán 62 'Adhradh' [as Áine Ní Ghlinn. 1988. *Gairdín Phárthais agus Dánta Eile*. Baile Átha Cliath] agus an t-aistriúchán le caoinchead Áine Ní Ghlinn.

Foilsítear Dánta 63 'An tAngelus', 64 'Transubstaintiú' agus 65 'Tearmann' [as Cathal Ó Searcaigh. 2001. *Ag Tnúth leis an tSolas*. Indreabhán] le caoinchead Chathail Uí Shearcaigh agus Chló Iar-Chonnachta.

Foilsítear Dánta 72 'An Domhnach', 73 'Comhairle an tSagairt' agus 74 'In Onóir na Tríonóide' [as Pádraig Ó Fiannachta (eag.). 1988. *Saltair: Urnaithe Dúchais*. Dublin.] le caoinchead Phádraig Uí Fhiannachta.

Foilsítear Dánta 67 'Don Tríonóid Naofa', 68 'A Mhuire na nGrás', 69 'A Rí na hAoine', 71 'Go Luímid le Dia', 75 'Lúireach Phádraig' agus 76 'Seacht Suáilce na Maighdine' [as Diarmuid Ó Laoghaire SJ (eag.). 1982. *Ár bPaidreacha Dúchais*. Baile Átha Cliath] le caoinchead Fhoilseacháin Ábhair Spioradálta.

Brollach

Nuair a chinn mé ar an bhailiúchán dánta seo a chur le chéile is agam a bhí a fhios gur ag seasamh ar ghuaillí na bhfathach léinn agus na scoláirí uilig a chuaigh romham a bheinn. Níl a shárú go fóill ar *Early Irish Lyrics, Medieval Irish Lyrics, Poems of the Dispossessed, The Oxford Book of Irish Verse* agus roinnt cnuasach eile mar fhoinsí inar féidir le léitheoirí teacht go furasta ar dhánta de chuid tréimhsí éagsúla an traidisiúin Ghaelaigh agus, ar ndóigh dóibh siúd atá ar bheagán Gaeilge, ar aistriúcháin díobh. Dánta de gach sórt atá le fáil sna cnuasaigh sin uilig ach ba é a bhí mise ag iarraidh a dhéanamh anseo cnuasach dánta a bhailiú le chéile a mbeadh an eilimint spioradálta le brath orthu i gcoitinne, sa dóigh gur léiriú a bheadh ann ar leithne agus ar fheabhas thraidisiún spioradáltachta agus cráifeachta na Gaeilge ón aois is luaithe anuas go dtí ár linn féin. Tá an bhrí is forleithne den fhocal 'spioradáltacht' le tuiscint anseo fosta. Léiríonn na dánta a roghnaíodh don chnuasach gur fada saibhir leanúnach atá an traidisiún spioradálta sa Ghaeilge agus go bhfuil an oidhreacht sin á ceiliúradh go fóill i bhfilíocht na Nua-Ghaeilge.

Ar ndóigh, rud pearsanta ar fad é rogha de chineál ar bith a dhéanamh agus dá thairbhe sin, ní i gcónaí a aontóidh an léitheoir leis an rogha atá déanta agam. Sa chás seo, chuir mé romham cuid de na samplaí is fearr d'fhilíocht chráifeach na Gaeilge a chur ar fáil maille le haistriúcháin i mBéarla chun freastal orthu siúd nach bhfuil an Ghaeilge acu nó nach bhfuil an Ghaeilge maith go leor acu leis an bhunábhar a léamh ar a dtoil. Níl mé á mhaíomh nach bhfuil seoid ar bith fágtha ar lár agam óir tá mé cinnte go mbeidh léitheoirí ábalta dánta a lua nach bhfuil san áireamh anseo agam féin. De bhrí gur roghnaigh mé an tréimhse liteartha ón aois is luaithe go dtí ár linn féin a chur san áireamh, tháinig teorainneacha i gceist leis an líon dánta a thiocfadh liom a roghnú don chnuasach. Tá mé cinnte go dtuigfidh léitheoirí an cás ina raibh mé agus go maithfear dom é má tá ceann ar bith de na dánta is ansa le daoine fágtha ar lár agam.

Tá súil agam go dtaitneoidh an cnuasach dánta seo le pobal na Gaeilge agus le pobal an Bhéarla araon. Ba mhaith liom go spreagfadh sé daoine le hamharc go húrnua ar a bhfuil againn d'ábhar fiúntach spioradálta agus machnaimh sa Ghaeilge. B'fhéidir go gcuirfeadh sé cuid den ábhar ar fáil den chéad uair do ghlúin léitheoirí eile i gcéin is i gcóngar – b'iontach an rud é dá ndéanfadh. Ba bhreá liom dá mbainfeadh lucht léite an leabhair seo leas as ina saol spioradáltachta agus midheamhna chomh maith, seachas é a úsáid go díreach mar shaothar tagartha amháin. Dúirt an file Sasanach, Matthew Arnold, tráth: "More and more mankind will discover that we have to turn to poetry to interpret life for us, to console us, to sustain us. Without poetry, our science will appear incomplete; and most of what now passes with us for religion and philosophy will be replaced by poetry."(EC: 2) Níl mé á mhaíomh go bhfuil an creideamh curtha chun deiridh ag an fhilíocht, nó go dtarlóidh sin go fiú, ach sílim gur fianaise ar fhírinne an ráitis sin ag Arnold cuid mhór de na dánta atá sa chnuasach seo. Tá súil agam go ndéanfaidh dánta (agus aistriúcháin) an chnuasaigh seo saol léitheoirí an leabhair a shaibhriú, a chothú, a bheathú agus a neartú, óir is mar 'lón anama' a ceapadh an saothar an chéad lá riamh.

Aistriúcháin

Is liomsa na haistriúcháin Bhéarla atá anseo ach amháin nuair a chuirtear a mhalairt in iúl ag bun an téacs. Tá mé fíorbhuíoch de na filí agus de na scoláirí seo a leanas a léigh aistriúcháin a rinne mé féin agus a mhol leasuithe fiúntacha orthu, nó a chuir aistriúcháin dá gcuid saothair ar fáil dom don chnuasach: Deirdre Brennan, Nuala Ní Dhomhnaill, Máire Mhac an tSaoi, Áine Ní Ghlinn, Máire Áine Nic Ghearailt, Liam Ó Muirthile, Cathal Ó Searcaigh, Greg Delanty agus Nicholas J. A. Williams. Bheartaigh mé aistriúcháin aitheanta a bhí ar fáil ar chuid de na dánta a úsáid – go háirithe i gcás fhilíocht na Sean- agus na Meán-Ghaeilge agus cuid d'fhilíocht na mBard. Is é an nós a leanaim i gcoitinne sna haistriúcháin a chuir mé féin ar fáil, go ndéanaim iarracht aistriúchán atá dílis don bhunleagan Gaeilge a sholáthar.

Shocraigh mé leaganacha Gaeilge agus Béarla de na dánta a fuair mé in eagráin éagsúla a thabhairt anseo go díreach mar a bhí siad sna buneagráin. Ciallaíonn sé sin go bhfuil meascán áirithe stíleanna eagarthóireachta agus poncaíochta in úsáid sna dánta sa chnuasach seo. Ní dóigh liom go gcuirfidh sé sin isteach rómhór ar léitheoirí, áfach. Chuir mé 'h' in áit an tsean-séimhithe i ndornán dánta luatha. Is in ord croineolaíoch a bheag nó a mhór a chuirtear na dánta sa chnuasach seo fosta.

Buíochas

Ba mhaith liom buíochas ó chroí a ghabháil le roinnt daoine a chuidigh liom agus an saothar á ullmhú agam. Ba iad an Dr. Caoilfhionn Nic Pháidín agus an Dr. Seán Ó Cearnaigh a spreag chun oibre mé tamall maith ó shin nuair a luaigh siad an smaoineamh liom a chéaduair. Chuir siad comhairle mhaith go minic orm agus an saothar á ullmhú don chló acu agus tá mórfhiacha acu dá bharr orm.

Phléigh mé gnéithe den obair leis na daoine seo a leanas agus chuir siad comhairle go fial orm ón tús mar is dual dóibh go léir: an Dr. Éamonn Ó hÓgáin; an tOllamh Ruairí Ó hUiginn, Ollscoil na hÉireann, Má Nuad; an tOllamh Máirín Ní Dhonnchadha, Ollscoil na hÉireann, Gaillimh. Tá mé thar a bheith buíoch de na cairde seo a leanas: an Dr. Máirín Nic Eoin, an Dr. Ríóna Ní Fhrighil agus an Dr. Liam Mac Mathúna, comhghleacaithe liom i Roinn na Gaeilge i gColáiste Phádraig, a chuidigh liom ar mhórán slite le breis agus bliain anuas. Léigh siad sleachta agus aistriúcháin agus roinn siad a gcuid comhairle agus a gcuid ama gan leisce gan chuntar liom. Tá mé faoi chomaoin ar leith ag Liam Mac Mathúna as cuidiú liom roinnt fadhbanna le téacsanna casta a fhuascailt. Go gcúití Dia a gcuid cairdis agus a gcuid féile leo ar fad.

Ba mhaith liom buíochas ó chroí a ghabháil leis na filí agus na foilsitheoirí go léir a d'fhreagair iarratais ar chead cóipchirt uaim agus a thug an cead sin le mórfháilte dom. Tá súil agam go gcuideoidh an saothar beag seo leo borradh díolacháin a chur faoi na buntéacsanna as ar tógadh an t-ábhar faoi iamh. Le tamall anuas b'éigean do mo bhean chéile, Karen, agus do m'iníon, Eimear, cur suas le cuid mhór tréimhsí nuair a bhí mé 'as láthair' san oifig. Ar deireadh thiar tiomnaím an cnuasach beag seo dóibh beirt. Má tá locht ar bith eile ar an saothar seo, is orm amháin atá agus a bheas.

Ciarán Mac Murchaidh
Coláiste Phádraig
Droim Conrach
Baile Átha Cliath 9

Lá Lúnasa, 2005

Preface

When I began working on this collection of poems some time ago, I very soon realised that I would rely on the work of the learned men and women of previous generations for guidance and material. Collections such as *Early Irish Lyrics*, *Medieval Irish Lyrics*, *Poems of the Dispossessed*, *The Oxford Book of Irish Verse* and others are invaluable sources of the poetry of various periods in Irish literature. They provide fairly ready access to the wealth of material available in Irish throughout those same periods, and readers who have no Irish are catered for by the translations at hand. The poems presented in those collections give a good indication of the wide range of material available in the Irish language. My aim in this anthology, however, is to bring together a range of poems from the Irish language tradition which are indicative of the wealth of poetic material that stems from the spiritual tradition. The widest interpretation of the word 'spiritual' may be understood here. The poems selected also serve to show that this poetic tradition is a rich and continuous one which has its roots in our earliest literature and is still a vibrant part of the poetry of the modern language.

The selection of material for an anthology such as this is bound to be driven to a certain degree by personal taste and not everyone will agree with the particular selection I have made. I have chosen what I consider to be the best examples of religious poetry in Irish along with their English translations to provide the reader with some indication of the breadth and depth of this type of literature in Irish. It is possible that readers will be able to name some favourites which may not have been included here. Since I have chosen to select poems from the earliest period of Irish literature until the present day, I have had to be necessarily restrictive in the number of poems I could include in the anthology. I hope that the reader will understand this and forgive the omission of any favourite poems.

It is hoped that this book will be enjoyed by both the Irish- and English-speaking communities. It would be very rewarding to think that it might encourage people to look afresh at the rich corpus of spiritual and meditative material that exists within the Irish tradition. Perhaps *Lón Anama* will bring the material for the first time to a new generation of readers near and far. It will also be an added bonus if people draw on the poems in the anthology as a source of prayer and meditation in their spiritual lives as well as using it as a reference source. The English poet, Matthew Arnold, once wrote: "More and more mankind will discover that we have to turn to poetry to interpret life for us, to console us, to sustain us. Without poetry, our science will appear incomplete; and most of what now passes with us for religion and philosophy will be replaced by poetry."(EC: 2) I am certainly not claiming that religion has been or eventually will be replaced by poetry but it occurs to me that many of the poems in this anthology bear out the truth of that remark. Finally, I hope that the poems (and the translations) contained in this anthology will enrich, sustain, nourish and invigorate the lives of those who read it, because it is as a source of 'sustenance for the soul' that it was first conceived.

Translations

Most of the translations of the poems from the Old and Middle Irish periods are the work of scholars who specialised in that field of study and their work is credited at the end of each poem. These translations are mainly ones which are faithful to the language of the original text. With regard to the modern material, some poets opted to provide translations of their own work or to have another poet translate their work for them. The majority of the translations are my own work except where otherwise indicated. I have endeavoured to remain as faithful as possible to the original text and yet attempt to provide a reasonably polished translation. I am very grateful to the following poets and scholars who read my translations and who provided valuable advice and assistance, or who provided translations for this anthology: Deirdre Brennan, Nuala Ní Dhomhnaill, Máire Mhac an tSaoi, Áine Ní Ghlinn, Máire Áine Nic Ghearailt, Liam Ó Muirthile, Cathal Ó Searcaigh, Greg Delanty and Nicholas J.A. Williams.

I decided to reproduce versions of the Irish poems (and those English translations), which were taken from the other sources, exactly as they appear in their original volumes. This naturally leads to a certain amount of variation with regard to punctuation and styles of lay-out. This should not, however, inconvenience the reader unduly. I have replaced the dot on aspirated consonants with 'h' in a small number of early poems. Poems are also, by and large, presented here in chronological order.

Editor's Acknowledgements

I should like to thank various people who provided me with considerable help as the volume was being prepared for publication. Dr. Caoilfhionn Nic Pháidín and Dr. Seán Ó Cearnaigh first mooted the idea for this anthology some time ago. They have provided me with much assistance and advice since then and I owe them a great debt of gratitude.

I discussed aspects of the work with the following people who were generous with their time and counsel when the need arose: Dr. Éamonn Ó hÓgáin; Professor Ruairí Ó hUiginn, NUI, Maynooth and Professor Máirín Ní Dhonnchadha, NUI, Galway. I am especially indebted to my friends and colleagues in St. Patrick's College, Drumcondra: Dr. Máirín Nic Eoin, Dr. Ríona Ní Fhrighil and Dr. Liam Mac Mathúna, who helped in many more ways than they know over the past year or so as I struggled with some of the material in the anthology. They read extracts, drafts and translations and were generous to a fault with their valuable time and helpful comments. I am especially grateful to Liam Mac Mathúna for his help in solving a number of particularly difficult problems in some of the texts.

I should also like to thank those poets and publishers who responded magnanimously to my requests for copyright permission. I hope that the publication of this anthology will help to draw attention to (and promote increased sales of) the orginal texts on which I drew for this volume. For some time now, my wife, Karen, and daughter, Eimear, have had to put up with many occasions when I was 'absent from duty' in the study. I dedicate this book to them in appreciation of their various sacrifices. It remains only to say that I am solely responsible for whatever faults, errors or omissions may be found in this volume.

Ciarán Mac Murchaidh
Coláiste Phádraig
Droim Conrach
Baile Átha Cliath 9

Lá Lúnasa, 2005

Réamhrá

Iarracht is ea an díolaim seo ar rogha treorach dánta spioradálta a bhailiú le chéile as réimse ábhair a shíneann ó na samplaí is luaithe d'fhilíocht na Gaeilge anuas go dtí ár linn féin agus aistriúcháin i mBéarla a chur ar fáil mar aon leo. Is é aidhm an chnuasaigh dánta a chur faoi bhráid léitheoirí an lae inniu a léireoidh dóibh an oidhreacht shaibhir spioradálta atá ar fáil i dtraidisiún na Gaeilge, agus a chuirfidh ar fáil dóibh lón machnaimh agus ábhar atá oiriúnach don mhidheamhain – is é sin le rá *Lón Anama*.

Ó d'fhoilsigh scoláirí éagsúla de chuid an Léinn Cheiltigh an corpas dánta agus lirící Sean- agus Meán-Ghaeilge mar aon le haistriúcháin i mBéarla don phobal an chéad uair, tá díospóireacht leanúnach ar siúl i dtaca le filíocht na seanré seo. Tugadh 'filíocht dúlra', 'filíocht díthreabhach' agus 'filíocht mhanachúil' ag tréimhsí éagsúla uirthi, mar shampla. Ba é tuairim cuid mhór scoláirí le tamall fada gur filíocht spioradálta í seo ar bhain a tréithe go sainiúil le litríocht na hÉireann amháin. B'annamh a cheistítí an dearcadh seo go dtí le fíordhéanaí. Le gairid, tá scoláirí ag iniúchadh na ceiste ar bhealach níos cúramaí agus tá na tuairimí fadbhunaithe seo á n-athbhreithniú acu anois. Ba cheart go n-aithneofaí anseo go bhfuil obair mhór déanta ag scoláirí an Léinn Cheiltigh an tuiscint atá againn ar an luathlitríocht seo a leathnú agus a shaibhriú. Maidir leis an díolaim seo, áfach, tabharfar faoi deara go mbaineann eilimint spioradálta a bheag nó a mhór leis na dánta ar fad a roghnaíodh anseo. Ní hionann sin is a rá, áfach, go léiríonn na samplaí seo go raibh iarracht chomhfhiosach ar siúl thar na blianta corpas dánta a chur le chéile chun go gcruthófaí 'spioradáltacht Cheilteach' de shórt éigin. Is fíor a rá, mar sin féin, go bhfuil corpas filíochta i nGaeilge ón aois is luaithe a fhéachann le nádúr Dé a fhiosrú agus a cheistiú, chomh maith lena ghlóiriú. Is féidir na dánta seo a úsáid ar go leor bealaí chun cuidiú linn machnamh a dhéanamh ar Dhia féin agus ar an riocht dhaonna fosta. Táthar ag súil go léireoidh na dánta seo cuid de na slite ar féachadh i dtraidisiún filíochta na Gaeilge an caidreamh idir an file agus Dia a fhiosrú, a thuiscint agus a chur os comhair daoine thar tréimhse 1,200 bliain nó mar sin.

Ní ábhar iontais ar bith ag léitheoirí é go bhfuil áit chomh lárnach céanna ag an dúlra i bhfilíocht dhiaga na Gaeilge sa nua-aois is a bhí sa sean-am. Dán simplí ceithre líne is ea 'Adram in Coimdid' (Dán 4), mar shampla, ina n-iarrann an file ar an léitheoir bheith i bpáirt leis agus an Tiarna a mholadh "cusnaib aicdib amraib". Is léir ó ll. 3-4 gur aon chruthú amháin é neamh agus talamh, agus gur le haon ghlór amháin a mholann siad Dia. Leantar leis an téama céanna seo ar bhealach rud beag níos éagsúla sa dán 'Congair in Uissi' (Dán 18). Ag machnamh ar cheiliúr na fuiseoige atá an file, agus an tslí ina gcuireann sé ollmhéid na cruinne ach foisceacht Dé in iúl ag an aon am amháin. Éiríonn le Máire Mhac an tSaoi sa chéad dá líne den dán 'Smaointe um Thráthnóna (Meitheamh 1940)' (Dán 50), an brath céanna faoi niamhracht na cruthaitheachta a aimsiú. Sna línte seo cuireann an file in iúl dúinn go dtuigeann sí go n-imíonn gach áilleacht thalmhaí le haimsir ach gur áilleacht neamhaí mar sin féin í. Fiosraíonn Máire Áine Nic Ghearailt (Dán 54, 'Cúrsa Spioradálta') rúndiamhair na beatha mar a nochtar trí áilleacht an domhain seo í. Nuair a thagann sí go tobann ar radharc galánta coille agus í amuigh ag siúl, is geall le heipeafáine é a thagann ina láthair lena beatha a chealú go hiomlán ar feadh móiminte, (Féach v. 4). Tá macalla anseo de líne cháiliúil Mother Julian of Norwich: "All things shall be well ... All manner of things shall be well." Ba dhíthreabhach agus mhisteach a mhair i Sasana sa 13ú haois í siúd agus is ina saothar spioradálta, *Revelations of Divine Love*, a dhéanann sí an ráiteas sin faoin spiorad daonna. Is cuma cá mhéad constaicí a chaithfidh an saol seo le spiorad an duine, a deir sí, buafaidh an spiorad sin i gcónaí orthu.

Tá traidisiún fada litríochta ann a fhágann gur minic a fhoilsítear an spioradáltacht trí mheán na filíochta. Leanann an cur síos atá ag Máire Áine Nic Ghearailt ar an radharc coille an traidisiún sin agus an eipeafáine spioradálta agus inspioráide á breathnú aici. Ní féidir a shéanadh go mbaineann eilimintí de thraidisiún an mhisteachais go láidir le dán Chathail Uí Shearcaigh, 'Transubstaintiú' (Dán 64). Tá dán gairid machnaimh anseo aige a fhéachann leis an cheangal idir an nádúr diaga agus cruthú an domhain a léiriú go grinn. Is dán cumhachtach é a dhéanann beachtú ar ionchollú Chríost sa saol seo. Éiríonn leis bunbhrí an teagaisc chasta seo a shuimiú in dhá líne: "... ionas go dtiocfaidh tú fós i mbláth, tusa nach bhfuil ionat ach scáil." Is furasta na línte seo a shamhlú leis an spioradáltacht agus leis an mhisteachas. Tá macalla anseo de rud a deir N. Pól leis na Colosaigh sa litir a chuir sé chucu siúd: "Níl sna cúrsaí seo ach scáil na nithe a bhí le teacht ach is é Críost an t-ábhar féin."(Col. 2:17) Is é iomláine an chreidimh mar a bheidh sé againn nuair a rachaimid i bpáirt le Críost san iarshaol atá i gceist leis an líne seo.

Gné choitianta eile de chuid na filíochta spioradálta seo is ea an úsáid a bhaintear as an téarma 'rí' mar thagairt do Chríost. Is nós é seo a bhaineann le traidisiún bíobalta na Críostaíochta ó ré an tSean-Tiomna i leith. Síolraíonn an focal 'Críost' ó aistriúchán Gréigise ar an fhocal Eabhraise 'meisias', a chiallaíonn 'an té atá ungtha'. Cuireann an t-ór a thug na Trí Saoithe leo mar bhronntanas don Leanbh Íosa in iúl gur rí a bheadh ann níos faide anonn, go fiú. Is rud coitianta sa Sean-Tiomna é cur síos ar theacht an tSlánaitheora mar rí – nó téarmaíocht agus meafair ríoga a úsáid. Bhí a dtuiscint féin ag na Gaeil ar a raibh i gceist le 'rí' agus le 'ríocht'. Ba é an rí (nó an taoiseach) an té ba thábhachtaí i ngach ceantar. Chreidtí go raibh an rí 'pósta' leis an talamh agus dá bharr sin, dá mbeadh an rí ceart dlisteanach ann, go mbeadh rath ar an tír agus ar an talamh faoina chúram – an 'fír flatha' a thugtar ar an choincheap seo. Ní bheadh cogadh, gorta nó mífhortún ar bith ann agus dá dtarlódh aon cheann de na drochrudaí seo le linn réimeas an rí ba chomhartha é nach raibh an rí ceart i gcumhacht. Dhéantaí cur síos ar Chríost i gcónaí i luath-thraidisiún na hÉireann mar rí cóir agus ceart. I dtraidisiún spioradálta na hÉireann déantar Críost a léiriú mar rí fíor, Rí na ríthe go léir a bheidh ann i ndiaidh do ríthe eile an domhain imeacht go deo, (Féach Dán 2). Nuair a léirítear an Leanbh Íosa mar rí, is mar Thiarna ar an uile ní a dhéantar sin, (Féach Dán 6, v. 3). Tagraítear i ndán eile de chuid na Sean-Ghaeilge do Chríost mar rí agus tiomnaíonn an file é féin mar ghéillsineach dílis dá Thiarna, (Féach Dán 8). Ní féidir éalú ón téarma, fiú sna dánta aithreachais, (Féach Dán 20, v. 1). Tá Críost ina rí anseo ar an chruatan a fhulaingeoidh an t-aithríoch le go ndéanfaidh sé é féin a íonghlanadh sula rachaidh sé i bpáirt go hiomlán le Críost go deo na ndeor ar Neamh.

Déantar an dlúthcheangal idir an file agus a rí a úsáid mar léiriú meafarach ar an dlúthghaol idir an file agus Críost i nDán 21, 'Fuaras Mian' le Donnchadh Mór Ó Dálaigh. Deirtear gur méanar don fhile a bhfuil caidreamh maith aige lena rí agus a fhaigheann pátrúnacht fhial dá bharr uaidh. Déanann Ó Dálaigh forbairt ar an mheafar sa dán lena chur in iúl gur fearr i bhfad an caidreamh atá idir Dia agus an duine creidmheach ná an caidreamh is foirfe a d'fhéadfaí a bheith idir an taoiseach agus a fhile, (Dán 21, v. 3). Is don rí seo is cóir gach moladh agus buíochas a thabhairt de thairbhe gurb é is mó agus is fearr thar gach rí eile agus gurb é is flaithiúla i measc na bpátrún uile. D'fhéadfaí a rá gurb é an duais is féidir le Críost Rí a ofráil – bua na beatha síoraí, bua nach dtig le rí ar bith eile a thairiscint. Baintear úsáid as an téarma 'rí' ar bhealaí éagsúla sa dán 'Fáilte Ród, a Rí na nAingeal' (Dán 25), a chantar go minic mar iomann Comaoineach sa lá atá inniu ann, le cur síos a dhéanamh ar Chríost. Is é "Rí na n-aingeal" é; is é "corp an Rí" a cholainn féin; is é "oighre an aird-ríogh", "maor an Ríogh" agus "Rí an bheatha" é. Tá dlúthnasc idir na téarmaí seo agus diagacht na hEocairiste mar a bhféachtar ar Chorp Chríost mar fhoinse um chothú agus um chosaint na beatha. Agus é ag caint faoi úsáid na téarmaíochta ríoga seo ag Ó Dálaigh, dúirt an tAthair Láimhbheartach Mac Cionnaith:

> Most of the epithets "King of the Palace", "King of Kings" &c., need no comment; though perhaps the constant and special emphasis laid on the brotherhood of Christ with man may be taken as an

illustration of the importance attached to blood-relationship in the old Irish polity. (DAFD: ix).

Caitheann an dán le Fearghal Mac an Bhaird, 'Ní Rí Fíre acht Flaith Nimhe' (Dán 27) ar an bhealach céanna leis an téama sin. Is é Críost "flaith nimhe" agus "flaith na cruinne". Is "rí fíre" é de bharr gur thug sé é féin ar an chros agus gur fhulaing sé páis agus bás uirthi ar mhaithe leis an chine daonna. Is fiú a mheabhrú dúinn féin go bhféachtar ar an chros i dtraidisiún na hÉireann mar 'chrann na beatha' agus mar uirlis an tslánaithe. Cuireann Tadhg Gaelach Ó Súilleabháin síos ar Chríost mar "Rí geal ard na gcomhacht" sa dán cáiliúil uaidh 'Gile mo Chroí do Chroí-se' (Dán 42). Sainítear an chontrárthacht idir stádas Ard-Rí agus an dianfhulaingt a rinne Críost ar an chros chun aird a tharraingt ar a chumhacht spioradálta agus ar an ról a bhí aige i scéal an tslánaithe. Ról uasal íseal in éineacht é a cheannaigh don chine daonna an duais 'ríoga' a gcuireann Tadhg Gaelach síos uirthi i línte deireanacha an dáin: "… do ghrá-sa, a Chríost, níor mhaís gur réab an tsleagh/ áras dín id chroí don tsaol ar fad." (Féach Dán 42, v. 7). Is é sin íoróin na teachtaireachta Críostaí – gurb é pian agus fulaingt Chríost an uirlis trína mbaintear slánú an duine amach.

I measc na dtagairtí do Mhuire i litríocht thréimhse na Moch-Ghaeilge is iad na cinn atá le fáil i *Saltair na Rann* agus *Félire Óengusso* na cinn is luaithe. Déantar aird a tharraingt sna véarsaí luatha seo ar an ról a shamhlaítear de ghnáth le Muire i dtraidisiún na hÉireann agus sa traidisiún Críostaí i gcoitinne - .i. máthair agus idirghabhálaí. I nDán 1, 'Tar Cucum, a Maire Boíd', a chum Blathmac timpeall lár an ochtú haois, impíonn sé ar Mhuire cuairt a thabhairt air sa dóigh gur féidir leis páis agus bás a mic a chaoineadh ina cuideachta. Agus an mháthair á móradh aige tá an mac, Íosa Críost, á mholadh fosta. Agus Íosa á ghlóiriú aige, tá an mháthair á móradh mar Mháthair Dé. Léirítear an dlúthchumann idir máthair agus mac le cion agus le meas anseo. Feictear na tagairtí do mhaighdeanas Mhuire i dtaca le breith Íosa sna véarsaí luatha seo, tagairtí a fheictear i ndánta níos déanaí sa traidisiún chomh maith. Léiríonn dánta eile ón ré luath seo a thábhachtaí atá ról Mhuire mar idirghabhálaí: "... guid linn in Ríg fírbhrethach/ don chlainn chumra chain." (EIL: 46, mar shampla). Is é Dán 30, 'Labhair Linn, a Mhuire Mháthar' a thagann chugainn as traidisiún fhilíocht na mBard, an sampla is fearr den phlé ar an téama seo sa chnuasach seo. Dán fada atá ann ina moltar Muire as feabhas an tionchair atá aici ar Dhia Uilechumhachtach. Tugtar ról lárnach di sa phróiseas idirghabhála le Dia thar ceann an pheacaigh. Is ar chúl mháithreachas Mhuire atá an tionchar seo le fáil agus is cumhachtaí ar fad é dá bharr sin: "Bí dom dhíon ar áis no ar éigean/ ar cháir Chríosd má fhédair;/ bíom ar do sgáth, a sgiath dídin,/ a ttráth a fhiach d'fhégain." (Féach v. 8). Is téama an-choitianta i bhfilíocht na Gaeilge an onóir a thugtar do Mhuire mar mháthair Dé agus mar mháthair Chríost agus tá go leor dánta ar fáil i dtréimhsí éagsúla den traidisiún a phléann leis an ghné sin den chreideamh. Sa ré nua-aoiseach faighimid léiriú air seo ar bhealaí éagsúla. Sa liric bheag a chum sé féin, 'Cuireadh do Mhuire' (Dán 47), pléann Máirtín Ó Direáin leis an tslí ar diúltaíodh do Mhuire i ndoras gach tí an oíche sular rugadh Íosa. Míníonn sé di gur fáilte agus nach doicheall a chuirfí roimpi dá dtabharfadh sí cuairt an oíche chéanna sin ar phobal beag an oileáin sin as ar tháinig sé féin – Árainn, (Féach v. 2). Cuid de bhrí na teachtaireachta seo, measaim, go bhfuil Ó Direáin á chur in iúl go mbeidh pobal i gcónaí ann a fhanfaidh dílis do Dhia, fiú má tá daoine eile ann a thugann droim láimhe dó.

Dánta aithreachais agus aithrí atá i gcuid mhór de na dánta a bhaineann le traidisiún spioradálta na Gaeilge. Is minic a fheictear an file ag déanamh mórfhaoistine le Dia nó ag nochtadh peacaí a shaoil. Uaireanta is ar lorg trócaire Dé atá an file agus é á chaitheamh féin ag cosa an Tiarna ar mhaithe le teacht ar mhaithiúnas ina chuid gníomhartha baotha. Tuigeann an file mórthrócaire Dé agus is é an tuiscint seo a thugann air triall ar mhórthrócaire Dé toisc gur trína pháis agus trína fhulaingt féin a d'éirigh le Críost an duine a cheannach go crua. Is minic a bhíonn teanga na ndánta seo mothálach agus domhain. Is é 'Isam Aithrech' (Dán 3) ceann de na samplaí is luaithe den saghas seo filíochta i dtraidisiún na Gaeilge. De réir mar a ghluaiseann an dán ar aghaidh, úsáideann an file gach rann chun achainí áirithe a dhéanamh ar Íosa. Glaonn sé ar Íosa mar a léirítear dúinn ar shlite éagsúla é – trína ionchollú, trína chéasadh, trína dheasgabháil agus trína theacht faoi ghlóir – chun cluas a thabhairt dó agus an t-aithreachas á lorg aige. Iompaíonn sé chun na bhfáithe, na n-aspal, ban-naoimh Neimhe agus talaimh agus, ar deireadh, chun pobal Dé ar talamh le guí ar son a chuid achainíocha chun go n-éireoidh leo. (Féach v. 9). Agus é ag scríobh roinnt céadta bliain ina dhiaidh sin, thug Donnchadh Mór Ó Dálaigh faoin ábhar ar bhealach amhail sin sa dán cáiliúil a chum sé, 'Truagh mo Thuras go Loch Dearg' (Dán 20). Tá imní an fhile nach bhfuil go leor aithrí déanta i rith an tsaoil seo aige le go bhfaighidh sé maithiúnas Dé le brath go láidir ar an dán. Impíonn sé ar a lucht éisteachta úsáid cheart a bhaint as an am atá acu ar an saol seo chun aithrí a dhéanamh ar son a gcuid peacaí sula nglaofar chun cuntais iad.

Meabhraítear aithne a thug Críost dá phobal ("Tugaigí maithiúnas agus tabharfar maithiúnas daoibh."(Lúcás 6:36–7)) i nDán 23, 'Maith agus Maithfidhir Duid', le Pilib Bocht Ó hUiginn. Úsáideann Ó hUiginn leagan de bhriathra sin Chríost sa dán chun tabhairt ar a chuid éisteoirí bheith fial lena gcuid maithiúnais ó lá go lá más suim leo maithiúnas na bpeacaí a fháil ó Dhia in am agus i dtráth. Déanann Ó hUiginn forbairt ar an téama seo i rith an dáin agus tugann sé achoimre shnasta den tuiscint atá aige féin ar aithne agus ar theachtaireacht Chríost, (Féach v. 3). Blianta ina dhiaidh sin sa 17ú haois nuair a chum Séathrún Céitinn an dán 'Caoin tú Féin, a Dhuine Bhoicht' (Dán 31), bhain seisean leas as téama an aithreachais ach gur iarr sé ar a lucht léite dearmad a dhéanamh de laigí agus de pheacaí a gcomharsan agus díriú ina áit sin ar a slánú féin: "Caoin ar tús do pheacadh féin,/ ré ndul i gcré dod chorp;/ caoin, ós éigean duit a híoc,/ an pháis fuair Críost ar do shon." (Féach v. 2). Daingníonn an véarsa deireanach sa dán an teachtaireacht seo agus impíonn an Céitinneach ar a léitheoirí gan smaoineamh ar rud ar bith eile ach a bpeacúlacht féin agus aithreachas a dhéanamh inti, (Féach v. 8). Leanadh de nós sin na filíochta faoistiniúla isteach san 18ú haois fosta agus is sampla maith den fhorbairt a tháinig ar an chur chuige é 'Marbhna Chathail Bhuí' (Dán 40) a chum Cathal Buí Mac Giolla Gunna. Déanann an file é féin a chúisiú os comhair Dé as saol fada peacúil a chaitheamh gan aithreachas a dhéanamh sna cionta a rinne sé. Caitheann sé é féin ag cosa an tSlánaitheora, admhaíonn sé a chuid peacúlachta os a chomhair agus impíonn air trua a dhéanamh dó. Faoi Dhia a fhágann sé a chás ach is é a dhóchas, áfach, gurb é a admháil oscailte ó chroí ar a chiontacht agus ar a pheacúlacht a scaoilfidh na cuibhreacha ar thrócaire Dé. Is é a lomchreideamh gurb é seo is mó a chuideoidh lena achainí, (Féach v. 7).

Pléann cuid d'fhilí an 20ú haois leis an ábhar seo chomh maith agus as measc na ndánta ba cheart a lua tá 'Cnoc Mellerí' (ES: 64–7) a chum Seán Ó Ríordáin. Is trua linn go mór nár tugadh cead dúinn na dánta le Seán Ó Ríordáin a roghnaíodh don chnuasach seo a chur i gcló. Tá plé sainiúil sa dán seo ar an choimhlint idir an cholainn agus an t-anam as siocair chomh grinn is atá an cur síos ar an chomhrac inmheánach sin san fhile. "No twentieth-century Irish poem in either language issues from as deep within Catholic religious consciousness as 'Cnoc Mellerí' (based on a retreat in the Cistercian abbey in County Waterford.)" (MIP: 113) a dúirt Patrick Crotty agus é ag trácht ar an dán. Cuirtear síos go snoite sa chéad véarsa den dán ar an choimhlint idir an cholainn agus an t-anam, idir an domhan seo agus an domhan thall, (Féach v. 1). De bharr go ndéanann Ó Ríordáin an dá rud a chur le hais a chéile feictear an chontrárthacht idir naofacht na mainistreach agus páirc catha chorp agus anam Uí Ríordáin ar bhealach níos follasaí go fóill. Léirítear éadóchas an fhile agus an choimhlint seo ag sárú air chomh beo sin sa tríú véarsa deireanach go dtuigtear don léitheoir gur cuma leis an fhile an cás ina bhfuil sé, (Féach v. 20). Is forbairt ar leith é dán Uí Ríordáin ar a raibh ann roimhe i dtraidisiún na filíochta spioradálta sa Ghaeilge. Fágann sé na seanachainíocha ar thrócaire Dé a dhéanadh na filí agus iad i lár a gcuid peacúlachta ar leataobh. Ina ionad sin, ceistíonn Ó Ríordáin croí-choincheapanna Críostúla an aithreachais, na haithrí agus an mhaithiúnais i saol an 20ú haois. Cé nach bhfuil teacht go héasca aige ar fhreagraí ar na ceisteanna doimhne a dtugann sé aghaidh ina chuid filíochta orthu, tuigeann an léitheoir ón iarracht atá ar siúl aige tuiscint a fháil ar na rúndiamhra spioradálta seo gur duine é an file ar mhaith leis creideamh láidir a bheith aige ach nach dtig leis an sprioc sin a bhaint amach go hiomlán.

Tugann filí aghaidh ar dhíomuaine na beatha mar théama agus iad ag iarraidh a chur ina luí ar a gcuid léitheoirí nach mairfidh an saol seo ach achar beag sula dtiocfaidh réaltacht na síoraíochta. Léiríonn an dán gleoite 'Ropo Mían dom Menmainse' (Dán 15) gurb é mian an fhile toil Dé a dhéanamh an oiread agus is féidir leis sa saol seo ach go bhfuil a intinn, ar deireadh thiar, dírithe ar an saol atá le teacht, (Féach v. 8). Déanfaidh an file a dhícheall ar an domhan seo a shaol a chaitheamh i gceart agus i gcóir lena chomharsana agus súil aige go dtabharfaidh sé seo chun foirfeacht an tsaoil atá le teacht é. Agus eisean ag plé le díomuaine na beatha i ndán dá chuid, tugann Giolla Brighde Ó hEódhusa cur síos ar bhealach i bhfad níos dírí ar an ábhar. Is é ceist a chuireann sé ar a chuid léitheoirí: "A dhuine chuireas an crann,/ cia bhus beó ag buain a ubhall?" (Dán 28, v. 1). Is é buairt atá ar aigne Uí Eódhusa mura bhfuil daoine sásta aghaidh a thabhairt ar a gcuid mortlaíochta féin, nach mbeidh siad réidh le haghaidh a thabhairt ar an saol atá le teacht ar chor ar bith. Is téama é seo a bhí an-choitianta i bprós agus i bhfilíocht chráifeach na Gaeilge sa 17ú agus san 18ú haois. Tá *Scáthán Shacramuinte na hAithridhe* le hAodh Mac Aingil, mar shampla, lán le *exempla* agus le scéalta a chuireann síos ar an dóigh nach mbíodh go leor daoine réidh dá mbás féin, agus an pionós a bhain dóibh dá bharr sin ina dhiaidh. Is é súil atá aige go gcuirfidh sé ar shúile daoine nach bhfuil idir an saol seo agus an saol atá le teacht ach snáithe beag caol na beatha féin, agus ós rud é nach bhfuil a fhios againn cén uair a bhrisfear ar an snáithe beag sin, is é is ciallmhaire bheith réidh san uile am agus san uile uair.

D'eascair cuid mhór den tsuim a chuir filí agus diagairí, go deimhin, i ndíomuaine na beatha agus i bhfoisceacht an tsaoil eile, as ráiteas Chríost sa Bhíobla: "Bígí sibhse réidh fosta, mar sin; óir tá Mac an Duine ag teacht san uair nach bhfuil súil agaibh leis." (Matha 24:41. Féach Marcas 13:33 agus Lúcás 12:40 fosta.) Bhí siad ar theann a ndíchill ag tabhairt ar dhaoine a gcuid ullmhúcháin a bheith déanta agus gan é a chur ar athló go dtiocfadh Críost agus gan súil acu leis. Bhí an teagasc seo mar chuid de theagasc na cléire agus iad ag gríosú an phobail faoina gcúram chun na naofachta, mar tá an litríocht chráifeach lán le tagairtí don téama seo le linn an 17ú agus an 18ú haois. Sa dán 'Machnamh an Duine Dhoilíosaigh' (Dán 43) cé go bhfuil an file ag machnamh ar mheath na mainistreach i dTigh Molaige, tá teachtaireacht i bhfad níos doimhne ann don léitheoir. Baineann sé le glóir an tsaoil seo agus an dóigh a n-imeoidh sé i léig de réir a chéile, is cuma cé chomh buan agus chomh seanbhunaithe atá sé faoi láthair. Is achoimre shollúnta ar a dtig tarlú don duine i rith a shaoil an réalaíocht a theastaíonn uaidh a chur os comhair an léitheora, (Féach v. 18). Pléann filí na linne leis an téama ó am go chéile fosta, rud a léiríonn gur ábhar é a théann i bhfeidhm ar gach glúin filí a thagann chun cinn ar bhealach amháin nó ar bhealach eile. Is téama é a mhaireann i gcónaí toisc go mbíonn an saol féin de shíor ag athrú. Tugann Máire

Mhac an tSaoi faoin téama seo sa liric ghearr 'Smaointe um Thráthnóna (Meitheamh 1940)' (Dán 50). Achoimre dheismir ar chroí an ábhair an líne seo aici sa dán: "A Dhé, ní dílis linne atá neamhbhuan/ ach sciamh ná maireann." (Féach v. 4). Níl sa saol seo ach achar beag gearr agus fiú nuair atá an bheatha go tréan againn is i lár an bháis atáimid.

Tugtar aghaidh ar an chomhrac a théann ar aghaidh idir an duine agus cathuithe an tsaoil seo san fhilíocht fosta. Is é an tarraingt a bhíonn ag an duine ar eilimintí áirithe den saol seo mar aon lena chathuithe an rud is deacra cur ina choinne ag daoine go minic. Is é seo ceann de na constaicí is mó a chuireann amhras ar dhaoine faoin iarshaol. Tá an cheist idir chamáin ag filí, scríbhneoirí, diagairí agus fealsaimh ó thús ama. Uaireanta is iad na filí agus na scríbhneoirí is fearr a n-éiríonn leo dul i ngleic leis an ábhar ina gcuid saothair agus iad ag déileáil le creideamh agus easpa creidimh. Éiríonn leis an fhile a chum 'Osgail Romham, a Pheadair' (Dán 22), an t-ábhar a phlé amhail is gur comhrac aonair atá ann, comhrac idir é féin agus an namhaid trí-chruthach seo, an saol, an cholainn agus an diabhal féin, (Féach v. 3). Labhraíonn Fear Feasa Ó'n Cháinte leis an saol amhail gur neach beo atá ann sa dán 'A Shaoghail, ón, a Shaoghail' (Dán 26). Is neach slítheánta cleasach an saol seo agus i ngach véarsa sa dán, tugann an file faoi ghné dhifriúil den tslítheántacht sin mar a nochtar dósan í. Is machnamh cumhachtach ar an dóigh a dtig leis an saol seo teacht idir muid féin agus bunchlocha an chreidimh. Is é an t-amhras féin an namhaid is láidre atá ag an chreideamh. Chuir gné seo an amhrais isteach ar chuid de na mistigh agus na naoimh san Eaglais Chríostaí in imeacht na n-aoiseanna fiú. B'éigean do Threasa Lisieux streachailt

40

go dian leis an troid cháiliúil a bhí i gceist aici le 'hoíche dhorcha an anama'. Agus í á phlé seo ina dírbheathaisnéis, dúirt sí nach bhféadfadh sí smaoineamh ar rud ar bith eile ach cineál doircheachta a líon a hanam nuair a thriail sí neamh a shamhlú ina hintinn: "It's all a dream this talk of a heavenly country ... and of a God who made it all ... death will only give you – not what you hope for – but a still darker night, the night of nothingness."(HMU: 21)

Is minic gurb é an choimhlint seo le héiginnteacht agus le fulaingt dhomhínithe an tsaoil seo an rud a thugann ar dhaoine cloí níos daingne lena gcreideamh nó cúl a thabhairt ar fad dó. Sílim go bpléann na dánta i dtreo dheireadh an chnuasaigh seo ar bhealach níos iomláine leis an aincheist seo. Tá cuid mhór dánta ann a scríobh filí de chuid an 20ú haois ar féidir linn cur síos orthu mar dhánta deabhóideacha traidisiúnta. Feictear domsa gur fearr i bhfad an fhilíocht spioradálta a cumadh agus a d'eascair as coimhlint inmheánach an fhile leis an chreideamh (nó, go deimhin, leis an easpa creidimh) agus leis na dúshláin a thug an creideamh sin dó/di feadh na slí. Is iomaí file atá i ndiaidh dul i ngleic leis an chreideamh mar a cheiliúrtar san Eaglais Chaitliceach é. Is minic a cheistíonn filí gnéithe den chreideamh Caitliceach, toisc go bhfuil sé deacair nó dodhéanta orthu glacadh leis an dearcadh seo ar an chreideamh nó ar an teagasc a théann leis. Eascraíonn cuid den fhilíocht spioradálta is fearr as an pháis agus an phian a fhulaingíonn na daoine seo agus iad ag streachailt leis na ceisteanna móra trí mheán a gcuid saothair chruthaithigh. Fágann an streachailt seo muid le dearcadh an-mhaith ar an ghné phearsanta seo de shaol an duine – gné chráifeach nó spioradálta an duine. Uaireanta cuirtear friotal lom díreach ar an ghné seo mar a dhéanann Deirdre Brennan sa dán 'I Reilig na mBan Rialta' (Dán 51). Sa mhachnamh gearr seo ar nádúr na beatha agus an bháis, glacanna sí trua do na mná rialta marbha nach dtig leo sult a bhaint as pléisiúir bheaga an tsaoil seo – fuaimeanna páistí ag spraoi nó boladh an aráin nuabhácáilte, mar shampla. Is ansin a thuigeann sí go mb'fhéidir gur uirthi féin atá an easpa tuisceana nuair a ritheann sé léi gurb ise an té ar chóir trua a dhéanamh di as siocair nár aimsigh sí an t-iarshaol go fóill, (Féach ll. 17-19). Tuigeann sí sa nóiméad beag sin, má tá iarshaol ar chor ar bith ann, gur féidir gur saoirse spioradálta atá ann ina dtig le hanam agus le spiorad an duine eitilt go saor agus go bhfuil an cineál sin saoirse thar tuiscint an duine.

Sa dán eile le Deirdre Brennan sa chnuasach seo, 'Sceilig Mhichíl' (Dán 52), cuireann sí síos ar chuairt a thug sí ar an áit sin ar suíomh ársa manachúil é, áit a samhlaíonn sí na fir a mhair anseo fadó á dtiomáint ag "stoirm in anam agus i gcolainn" isteach in uaigneas an oileáin iargúlta seo mar mhanaigh. Is é an dearcadh is suimiúla atá le tuiscint as an dán seo go mothaíonn an file go bhfuil sí féin agus a compánaigh ban tar éis athsheilbh a ghlacadh ar an áit 'fhireannaithe' seo chun é a 'bhaineannú', (Féach v. 4). Is geall le haghaidh a thabhairt ar an chothromaíocht a chur ina ceart arís i ndiaidh na mblianta fada an gníomh seo. Tuigtear chomh maith leis sin go gcuireann an saol seo cathú go comhionann ar fhir agus ar mhná. Is é an machnamh seo atá déanta ag an fhile ar streachailt na manach le cathú an tsaoil a thugann uirthi a mheabhrú go hindíreach anseo gur rud é atá i gceist níos mó ná riamh leis an chreideamh.

Is féidir tionchar an chreidimh ar an duine a mheas sa dán 'Féile Chorp Chríost' (Dán 56) le Liam Ó Muirthile. Agus é ag amharc ar mhórshiúl deabhóide lá, cuirtear i gcuimhne dó mórshiúlta den sórt céanna a bhíodh ina ndlúthchuid de cheiliúradh poiblí an chreidimh sa tír seo go dtí roinnt blianta ó shin. Tugann an mórshiúl seo air smaoineamh siar ar shearmanais leadránacha chreidimh a óige. Cruthaíonn an machnamh seo amhras ann féin. Níl sé chomh cinnte is a bhí sé faoi thréigean na 'seandóigheanna'. Is é an rud a ritheann leis go bhfuil na seanmhúnlaí creidimh a bhfuil a dhroim tugtha aige dóibh i bhfad níos doimhne ann ná mar a shíl sé. Déantar a choinsias a mhíshuaimhniú nuair a bhuaileann na smaointe seo é. B'fhéidir gurb é an tsraith íomhánna ón seanteagasc Críostaí a bhí ina dhlúthchuid de thógáil áirithe Chaitliceach nach bhfeictear a thuilleadh ach nach féidir fáil réidh chomh héasca sin leis, a mhúsclaíonn an míshuaimhneas seo ann.

Tugann Caitlín Maude aghaidh ar chuid de na deacrachtaí a bhaineann leis an choimhlint idir an creideamh agus an t-amhras i gcuid de na dánta a scríobh sí. Léiríonn an dán 'Guímis' (Dán 53) a éifeachtaí a bhí sí in ann a méar a chur ar chuisle na filíochta agus í a thomhas. Glaonn sí ar Dhia sa dán áirithe seo gan a phobal a thréigean ach siúl leo ar a n-oilithreacht trí ghleann na ndeor ar an saol seo. Cé go ngéilleann an file do bhabhta amhrais agus éadóchais ag pointe amháin sa dán nuair a deir sí: "mise féin/ chailleas radharc/ mo shóláis is mo dhóchais/ is mé ar mo bhionda/ dá dtóraíocht – " (Féach v. 4), tagann an dóchas ina rabharta arís uirthi nuair a scríobhann sí: "ná ceil, a Chríost, do ghrásta/ ardaigh arís do lámha/ déan athnuachan/ ar do bheannacht ..."

(Féach v. 5). Is dócha go léiríonn an t-athrú seo gur síorthroid atá ann i gcroí agus in intinn an duine an creideamh a choinneáil agus gan ligean don amhras teacht i dtír air. Is léir go mbraitheann sí, áfach, gurb é an turas ar an tslí i dtreo an chreidimh an chuid is tábhachtaí den oilithreacht áirithe seo.

Eascraíonn an chuid is fearr d'fhilíocht spioradálta sa Nua-Ghaeilge as streachailt an fhile leis an chreideamh nó leis an díchreideamh. Is é an troid inmheánach idir an creideamh agus an t-amhras i gcroí nó in anam an fhile is mó a spreagann dánta den chineál seo. Is minic a thagann dánta mar seo ar an saol as an imeallú nó as an choimhthíos a mhothaíonn an file ina s(h)aol féin – go háirithe i saol an chreidimh. Fiosraíonn Máire Áine Nic Ghearailt an mothú a thagann go minic uirthi gur ar snámh ar muir i ndomhan nach n-aithníonn sí a thuilleadh atá sí. Is domhan é seo atá i ndiaidh athrú go hiomlán ón domhan sin a raibh taithí aici féin air agus í óg. Sa dán 'Oíche Nollag Beag' (Dán 55), cuireann sí síos ar an tsábháilteacht agus an chinnteacht a bhain le saol a hóige dar léi. Chreid sí go mbíodh a áit féin ag gach rud agus go raibh a hionad siúd aici féin fosta i mórscéim na beatha. De réir a chéile, áfach, bualadh soitheach beag a creidimh ar mórmhuir an tsaoil go dtí go bhfuil sí ar nós na dTrí Saoithe anois: "… ar lorg réalt/ a lonraíonn is a stadann/ os cionn na treibhe ar díobh mé… " (Féach v. 2). Tá níos mó ná cúrsaí creidimh i gceist anseo, ar ndóigh, ach measaim go bhfuil an file ar lorg ruda atá athraithe go deo anseo, rud nach féidir léi a athchruthú. Corraíonn na tnútháin atá in intinn an fhile dúil i seanchinnteachtaí an ama atá imithe in intinn an léitheora fosta.

44

Ní cheileann Áine Ní Ghlinn an coimhthíos a mhothaíonn sise maidir leis an chreideamh sa dán 'Adhradh' (Dán 62), áfach. Is ó pheirspictíocht na mban a labhraíonn an file sa dán seo agus í ag tabhairt dúshlán na hEaglaise institiúidí. Deir sí gur áit é an eaglais nó an séipéal nach mothaíonn sí ar a suaimhneas ann. Is ionann foirgnimh na hEaglaise agus siombailí de chreideamh ar mhúnla patrarcach, múnla nach gciallaíonn rud ar bith dise ós rud é nach mbaineann sé léi: "Ní féidir liom tú 'adhradh/ mar ar creachadh cloch ag siséal/ mar ar fhuadaigh casúr géag." (Féach v. 1). Is é an t-iontas atá ar an fhile nach dtig leis na daoine san Eaglais atá freagrach as craobhscaoileadh an chreidimh – fir, den chuid is mó – teampall ghlóir Dé a fheiceáil thart timpeall orthu i ngach aon áit. Is é seo an t-aon áit a mothaíonn sí féin gur féidir léi a creideamh a cheiliúradh, agus adhradh a dhéanamh i gceart: "Ceiliúrfad m'aifreann féin faoin spéir/ toisc nach féidir liom tú 'adhradh/ i bhfuaramharc péinteáilte an tséipéil." (Féach v. 3).

Tá an dearcadh seo i leith na hEaglaise institiúidí le fáil i gcuid d'fhilíocht Chathail Uí Shearcaigh fosta. Sa dán 'Tearmann' (Dán 65), cuireann Ó Searcaigh síos go follasach ar na deacrachtaí atá aige leis an Eaglais oifigiúil agus an dóigh a dtuigeann sé uileláithreacht Dé sa saol seo. Tá Dia le tuiscint, le feiceáil agus le hadhradh sa timpeallacht álainn a bhaineann lena cheantar dúchais i nDún na nGall. Is léir go gcreideann Ó Searcaigh go nochtar glóir Dé sa chruthú agus gurb é sin an rud is tábhachtaí faoi theacht ar thuiscint níos fearr ar an nádúr diaga. Níl suim dá laghad aige bheith: "… cráite/ ag cráifeacht bhorb na puilpide/ ag bagairt léin ar lucht na hearráide." (Féach v. 2). Fáiltíonn sé roimh Dhia mar a fhoilsítear é in áilleacht na timpeallachta agus sa domhan thart air, Dia nach gcuireann srian nó cosc ar dhaoine le sraith rialacha atá gan chríoch gan deireadh: "Ní Dia na nDeor ná Dia na nDealg/ Dia na Tíorántachta ná Dia na Trócaire/ an Dia seo ar a bhfuil mé anois ag faire ..." (Féach v. 2). Múnlaíonn an dearcadh pandiach atá ag an Searcach an creideamh atá aige agus ní gá struchtúir oifigiúla a bheith aige lena cheiliúradh mar sin. Cé go séanann sé an Eaglais oifigiúil, glacann sé chuige foclóir an adhartha. Is cosúil gur mhaith leis an mhonaplacht atá ag an Eaglais ar íocónagrafaíocht an chreidimh a bhriseadh. Ní ghlacann Ó Searcaigh le cuid mhór de theagasc morálta na hEaglaise go háirithe an seasamh atá aici ar an homaighnéasacht. Is é seo an rud a chruthaíonn an bhearna idir é féin agus an Eaglais ar baisteadh inti é. Léiríonn Ó Searcaigh sa dán seo, measaim, gur rud an–phearsanta go deo é an creideamh agus gur rud é sin a thig leis a cheiliúradh beag beann ar struchtúir shrianta oifigiúla. Diomaite de véarsa a dó ina dtugann sé faoi rialacháin dhiana na hEaglaise Caitlicí, is ceiliúradh iontach an dán seo ar thíolaic na beatha a thagann ó Dhia chugainn i nglóir agus i rúndiamhracht na cruthaitheachta.

Síleann Nuala Ní Dhomhnaill gurb é an saol fáin a dhéanann í a imeallú agus nach bhfuil an chumhacht ag an chreideamh cosc a chur ar a leithéid. Sa dán 'Lá Chéad Chomaoineach' (Dán 60), nochtann sí instinní na máthar an lá a dhéanann a híníon an Chéad Chomaoineach, ceann de na *rites de passage* éagsúla a bhaineann le ceiliúradh an chreidimh Chaitlicigh. Pléann sí leis an tábhacht atá ag nádúr siombaileach Shacraimint na hEocairiste. Tá ciall agus siombalachas ar leith ag baint leis an Chéad Chomaoineach sa traidisiún

Caitliceach toisc gur ócáid thábhachtach spioradálta í. Is í an chéad uair í a mheastar an páiste a bheith i lánchomaoin trí Chorp Chríost a ghlacadh le pobal creidmheach na hEaglaise. Tuigeann an file go bhfuil tairseach trasnaithe ag a hiníon agus go bhfuil an chéad chéim i bpróiseas an scartha tógtha aici. Léirítear an imní atá ar an mháthair agus an tuiscint ag teacht uirthi go bhfuil a hiníon ag tosú amach ar a turas féin tríd an saol. Saol contúirteach é sin, dar leis an mháthair, nach gcuirfidh an creideamh an chosaint is gá ar fáil ina éadan. Comhartha ar bhuairt na máthar is ea na deora a chaoineann sí ar an ócáid. Nuair a fhiafraíonn a hiníon fáth a deor di, insíonn an mháthair bréag de bharr go bhfuil eagla uirthi an fhírinne ó pheirspictíocht na máthar a insint don chailín: "… conas a inseod di i dtaobh an tsaoil atá roimpi,/ i dtaobh na doircheachta go gcaithfidh sí dul tríd/ ina haonar, de mo dheargainneoin, is le mo neamhthoil?" (Féach v. 6). Cé go bhfuil sé soiléir sa dán go bhfuil an file ag tarraingt siar ó chleachtadh an chreidimh oifigiúil, tá an tuiscint ann go bhfuil sí ag breith ar an ócáid shacraimintiúil le taca a thabhairt don acmhainn creidimh atá fágtha inti. Ar bhealach, is féidir le duine an creideamh a chailleadh go measartha éasca ach is minic nach chomh furasta sin a scaoiltear an greim a bhíonn ag an chreideamh ar an duine.

Tá traidisiún spioradálta na Gaeilge á chur i láthair i gcruth filíochta le breis agus 1,200 bliain anuas. Is saibhir agus is ilghnéitheach an oidhreacht spioradálta é. Tá tacar dánta roghnaithe agam anseo a léiríonn cuid den saibhreas ilchineálach sin. Seans nach dtaitneoidh an rogha dánta atá déanta agam ná an léamh atá agam orthu le gach uile léitheoir. Faoi mar a dúirt an file Laidine Cicero tráth, áfach: *de gustibus non est disputandum.* Is fearr, mar sin, ligean do na dánta (agus na haistriúcháin) labhairt ar a son féin. Níl sa réamhrá seo ach treoir ghinearálta ar an oidhreacht luachmhar seo de chuid na Gaeilge. Má chuidíonn na dánta féin le daoine teacht ar thuiscint níos fearr ar oidhreacht spioradálta thraidisiún filíochta na Gaeilge, beidh a phríomhaidhm bainte amach ag *Lón Anama* agus is leor sin.

Introduction

This anthology is a selection of spiritual poems from among the earliest examples of poetry in the Irish tradition through the medieval period right down to the present day, accompanied by translations in English. The purpose of the collection is to present contemporary readers with a set of poems to illustrate the rich heritage of spiritual material available in the Irish poetic tradition and to provide a body of verse for reflection and contemplation. Hence the title *Lón Anama* – 'food for the soul'.

The existing body of early and medieval Irish poems and lyrics was first brought to the attention of the reading public in both their original Irish and translated versions by various eminent scholars in the field of Celtic Studies. Since then, there has been an ongoing debate about the poetry of the early Irish period in particular and whether it should be categorised as 'nature', 'hermit' or 'monastic' poetry. Many scholars have written about early Irish poetry as a brand of religious poetry peculiar to the Irish situation of the time. This view was rarely questioned, but recently scholars have begun to look more carefully at the issue and re-assess what were previously commonly-held views. It is important to acknowledge here the considerable work being done by Celtic Studies scholars in widening and enriching our understanding of the nature of the earliest forms of literature in Irish.

For the purposes of this anthology, however, all the poems which have been selected have, to a greater or lesser degree, a spiritual theme. They were not selected in a conscious attempt to prove the existence of a body of work which might be called 'Celtic spirituality'. There is, however, a considerable body of poetry in the Irish language from earliest times, which has given expression to human nature's tendency to reflect about and give praise to God. These poems may be used to help us reflect on the nature of the Godhead and of the human condition itself. They may help to provide the reader with a broad spectrum of the ways in which the relationship between poet and God has been explored, understood and presented in the Irish tradition over a period of some 1,200 years.

It will come as no surprise to the reader that the nature theme so evident in much of the poetry of the early Irish period may be found time and again throughout the poetry of the later periods too. 'Let us Adore the Lord' (Poem 4) is a simple four-line poem from the Old Irish tradition, which calls on the reader to join with the poet in worshipping the Lord as he is revealed in his "wondrous works". Creation comprises both heaven and earth here, as lines 3-4 call on the angels and the waves of the sea to give witness to God's achievements. The poet in Poem 18, 'The Lark Sings', continues this theme in a slightly different way. He reflects on the wonder of the song of the lark and how it communicates something of the immensity of the universe and yet the closeness of God.

This sense of wonder and awe at God's creation is present in some of the best examples of 20th century poetry. Máire Mhac an tSaoi's poem on the transience of life, 'Evening Thoughts (June 1940)', (Poem 50), captures this sense of the immense beauty of creation in the very first line. The poet tells in these lines how she realises that all earthly beauty passes away through time but still retains some shadow of the divine for all that. In her poem 'Retreat' (Poem 54), Máire Áine Nic Ghearailt also explores the mystery of life as it is revealed through the beauty of this world. The momentary epiphany which presents itself to her on coming across a peaceful woodland scene brings her existence almost to a halt. There are echoes in the last verse of the poem of a line from the writings of Mother Julian of Norwich, a thirteenth-century English anchorite and mystic: "All things shall be well. ... All manner of things shall be well." In Chapter 32 of her book *Revelations of Divine Love*, Mother Julian states her belief that no matter how many obstacles with which the human spirit may be confronted in life, it will invariably rise above them. The ability of a woodland scene to provide Máire Áine Nic Ghearailt with the epiphany she encounters, both spiritual and inspirational, follows the long tradition of the spiritual being revealed through the poetic. It is another example of how poets often use the natural world as a means of revealing their insights into the creator of that world.

Cathal Ó Searcaigh's short poem, 'Transubstantiation' (Poem 64), is also highly evocative of the mystical tradition. His short reflection on a subject which is one of the most complicated and potentially divisive theological dogmas in the Christian tradition distills in two lines the essence of the concept: "... so that you might yet come into bloom,/ you who are naught but shadow." For Ó Searcaigh, God's eternal radiance is hinted at through the beauty of his creation and this is the key to a deeper understanding of the divine as it is made known in the splendour of world around us. Gabriel Fitzmaurice has written of Ó Searcaigh elsewhere that in his poetry he "... frees himself from the puritanism of Irish Catholicism and gains a celebratory vision which informs his poetry, placing him beyond the strictures of dogma where he comes to terms personally with the divine." (ABB: x). Certainly in 'Transubstantiation' Ó Searcaigh celebrates his personal understanding of God and thereby elucidates the dogma at the same time.

When making reference to Christ as 'king' – a frequent practice in the Irish tradition – poets use terminology and concepts that have resonances in the mainstream Christian tradition. The name 'Christ' derives from the Greek translation of the Hebrew word 'Messiah' which means 'anointed one'. The gift of gold brought by the Magi at Christ's birth signifies that he would assume the role of king in due course. Many of the Old Testament prophecies foretelling the arrival of a saviour speak about the coming of a king or use royal metaphors. In the Irish tradition the king (or *taoiseach*) was the most important person in each small kingdom. It was a common belief that the land would fare well when it was 'married' to the true king, i.e. when the right or proper king was reigning, a concept sometimes referred to as *hieros gamos*. This meant that during times of famine, war or upheaval there would be a natural doubt among the people whether their reigning king was really the true king. Christ is always portrayed in the Irish spiritual tradition as the true king, the King of all kings who will reign when all others have been vanquished. (See Poem 2, vv. 3-5). Even when the Christ-child is portrayed as king, he is still acknowledged as Lord of all. (See Poem 6, v. 3). In Poem 8, 'O God, Lord of Creation', Christ is once again referred to as king and the poet commits himself fully to him as if he were his loyal subject. The term appears in penitential poems too, where Christ is king even of the hardship which the penitent must endure in order to cleanse himself before joining himself fully with Christ for ever in heaven. (See Poem 21, v. 1).

The close relationship between the poet and his king is used metaphorically to illustrate the nature of the relationship between the poet and Christ in Poem 21, 'I Found my Desire', by Donnchadh Mór Ó Dálaigh. Here Ó Dálaigh draws on the idea that a poet who enjoys a good relationship with his king and patron is blessed. He takes the metaphor a step further, however, and describes the proper relationship between God and the believer as one which is better even than the ideal one between *taoiseach* and poet. It might be said that the prize which Christ the King but no other can offer is the gift of eternal life. In Poem 25, 'Welcome to Thee, Angels' King', composed by Aonghus Fionn Ó Dálaigh, a poem now frequently used in Irish as a Communion hymn, the poet uses the epithet 'king' in various ways to describe Christ. He is "angels' King"; his flesh is the "Body of the Lord"; he is the "Heir of the High-King" and "King of life". These terms are closely connected with Eucharistic theology where the Body of Christ is itself regarded as life-giving and life-preserving. Father Lambert McKenna, commenting on Ó Dálaigh's use of this kind of terminology stated:

> Most of the epithets "King of the Palace", "King of Kings" &c., need no comment; though perhaps the constant and special emphasis laid on the brotherhood of Christ with man may be taken as an illustration of the importance attached to blood-relationship in the old Irish polity. (DAFD: ix).

Fearghal Óg Mac an Bhaird's poem 'There is no True King but the King of Heaven' (Poem 27) treats the same theme in a similar way. Christ is "King of Heaven" and "King of the Universe". He is the "true king", a title he has earned through the ignominy of his suffering and death on the cross. The cross, we may remind ourselves, is often referred to in the Irish tradition as the 'tree of life'. Tadhg Gaelach Ó Súilleabháin's famous poem of praise for Christ, 'The Light of my Heart' (Poem 42), refers to Christ as a "mighty and splendid High King". The contrast between the office of High King and the shameful suffering Christ was forced to endure on the cross brings into stark relief the spiritual power of Christ's role in the story of salvation. It is this role, at once humble and exalted, which brought about the "royal" prize described by Tadhg Gaelach in the final lines of the poem. This is the contradiction of the Christian message in a nutshell. The pain of Christ's suffering is the very instrument of humankind's salvation.

Among the earliest references to Mary in the literature of the early Irish period are those found in *Saltair na Rann* and *Félire Óengusso*. Here the role normally associated with Mary in the Irish and general Christian traditions (that of mother and mediator) is highlighted. In Poem 1, 'Come to me, O Beloved Mary', composed by Blathmac around the mid-eighth century, the poet appeals to Mary to visit him, so that he can keen her Son's passion and death along with her. In praising the mother, Blathmac praises the son, Jesus Christ. In praising and lauding Jesus, he praises Mary, the Mother of God. The intimacy of the relationship is not overstated but is skilfully crafted to portray an affectionate and reverent link between the two. The references to Mary's virginity before, during and after the birth of Jesus, which can be found in later verse too, are also found here in these early poems. Other poems from the early period highlight the mediatory role of Mary: "... join us in entreating the just-judging King on behalf of his fair fragrant children." (EIL: 47, for example). Poem 30, 'Speak on my Behalf, O Mother Mary', which is from the corpus of Bardic material, is the most complete example of this theme contained in this anthology. It is a long poem of praise for Mary's influence with Almighty God and assigns her a central role in interceding with God on behalf of the sinner. This influence is concealed behind the gentleness of Mary's motherhood, but is none the less forthright for all that: "Defend me by consent or force/ against Christ's claim, if thou canst;/ let me be under thy shelter, O protecting shield,/ when His dues are considered." (Poem 30, v. 8).

The honour traditionally shown to Mary as the mother of God and the one who brought Christ into the world is also a very common theme running through poems in the Irish tradition. Right up to the modern period, the sentiment finds expression in various ways. Máirtín Ó Direáin's short lyric, 'An Invitation to Mary' (Poem 47) draws a stark contrast between the way in which Mary is turned away from every door on the eve of Jesus's birth and the welcome that he and others of his small island community would show her were she to have come to their doors on the same night. Here the point is indirectly made that while there will always be those in the world who turn their backs on God, there will also be those who remain faithful to him.

There is a strong element of the penitential or confessional in many of the poems in the Irish tradition. The poet normally bares his soul and confesses openly the wrongdoings of his life. There is usually a plea for mercy as the poet throws himself at the feet of the Saviour in search of forgiveness. The boundless mercy of God through his own suffering and death is frequently hinted at and it is this that prompts the poet to be hopeful, if not confident, of the gift of God's absolution. While it is sometimes the case that poems of this kind can be a little cloying in tone, sentiment and language, I have selected a number of examples from the wide range available to show that many of them are powerful pleas from the heart. The language is very often deeply moving, heartfelt and profound. It reveals a humility of spirit that can unite reader and poet in a moment of intense spirituality. Poem 3, 'I am Repentant, Lord', is one of the earliest examples of this type of poetry. In the course of the poem, the poet uses each stanza to appeal to Jesus in a specific way. He does this by calling on Christ as he is made known through his incarnation, his crucifixion, his ascension and his coming in glory, to heed his calls for mercy. He turns then to the prophets, the apostles, the saintly women of heaven and earth, and finally, in the last stanza, to the people of God on earth to pray for the success of his quest.

Writing some several hundred years later, Donnchadh Mór Ó Dálaigh followed a similar approach in his well-known poem 'In Vain was my Pilgrimage to Lough Derg' (Poem 20). The poet's feeling of desperation derives from a fear that he may not have done enough to warrant Christ's forgiveness and is keenly felt throughout the poem. He challenges his readers to listen to his words, heed his own situation, and to use the time they have in this life to repent for their sins, before being called to account in the next – something which echoes the message one finds in some of the Gospel stories and parables.

In Pilib Bocht Ó hUiginn's poem, 'Give Pardon and Thou Shalt Get It' (Poem 23), the reader is reminded of Christ's charge to his listeners, "Grant pardon and you will be pardoned."(Luke 6:36–7) Ó hUiginn develops this theme through the course of the poem and in stanza 3 provides us with a neat *précis* of his understanding of Christ's message: "The strait I am in is this;/ God and His foe/ can not both find place in a heart;/ it is not made in two parts." Geoffrey Keating turned to the theme of personal failing and contrition in the 17th century when he composed Poem 31, 'Weep for Yourself, my Poor Fellow'. Keating charges his readers not to worry about the sinfulness and failings of others but to concentrate on their own salvation and redemption: "Weep firstly for your own sins,/ before your body goes into the earth./ Weep, for you must pay for/ the Passion Christ suffered for your sake." (See v. 2). His final verse compounds this call on the reader to wake up to the challenge of the call to holiness and penance. Cathal Buí Mac Giolla Gunna's 'The Elegy of Cathal Buí' (Poem 40), is a good example of this confessional type of poetry. The poet accuses himself before God of his life-long wrongdoing and throws himself on the mercy of God in the hope that his outright statement of guilt and remorse will soften God's heart. In the final verse of the poem, he states his belief that expressing his true remorse in this way will result in his receiving forgiveness.

All of the poems I have so far mentioned as being indicative of the penitential tradition in Irish verse seem to derive from a deep spiritual struggle within the poet, as he wrestles with his conscience and his faith. Of the poems which come from the modern period, Ó Ríordáin's 'Mount Melleray' (ES: 64–7) must be singled out for particular comment. It is regrettable that we did not receive permission to publish those poems by Seán Ó Ríordáin which were selected for this anthology. 'Mount Melleray' is unique in its graphic depiction of that internal wrangle of the flesh and the soul. Patrick Crotty observed that "No twentieth-century Irish poem in either language issues from as deep within Catholic religious consciousness as 'Cnoc Mellerí' (based on a retreat in the Cistercian abbey in County Waterford.)" (MIP: 113). The struggle between the flesh and the spirit, between this world and the next, is incisively captured in the opening stanza. The contrast between the sanctity of the monastery and the battleground of Ó Ríordáin's own body and soul is so much starker because of the juxtaposition of the two. The desperation of the poet as he feels the power of the struggle overwhelm him to the point that he seems no longer to care is poignantly portrayed in the third-last stanza. Ó Ríordáin's poem represents a significant development in the spiritual poetry of the Irish tradition. He moves away from the traditional pleas of the poet for God's mercy in the midst of his sinfulness. Here Ó Ríordáin questions the core Christian concepts of repentance and forgiveness and their relevance in the world of the twentieth century. While he can find no ready answers to the profound questions he addresses, his struggle to understand these concepts provides the reader with a sense of someone who would like to believe but cannot bring himself to fully do so.

Belief in the life to come and the transient nature of this world are issues addressed in the well-known poem 'It Were my

Mind's Desire', (Poem 15). The poet wants to follow God's ways as best he can in this life and his mind is set on the life hereafter. He will try to make the best of this world in the hope that it will lead him to the perfection of the next. Giolla Brighde Ó hEódhusa, in his poem 'O You who Plant the Tree' (Poem 28) asks his readers to reflect on the brevity of this life: "O you who plant the tree,/ who shall be alive to pluck its apples?" Here the poet is concerned that if people do not face up to the reality of their own mortality, they will be unprepared to meet God in the life that is to come. This was a common theme of 17th and 18th century religious prose and poetry. Aodh Mac Aingil's *Scáthán Shacramuinte na hAithridhe*, for instance, is full of *exempla* and salutary tales of people's unreadiness for their moment of death and their subsequent punishment. Mac Aingil hopes to goad people into the realisation that the border-line between life and death is a very fine one and that since we do not know when we will cross that border, the most sensible thing is to be prepared for every eventuality. Christ's admonition in the Bible: "Therefore you must also be ready; for the Son of Man is coming at an hour you do not expect."(Matt 24:4. See also Mark 13:33 and Luke 12:40) is quite likely the stimulus for the concern many religious poets had in urging people to face up to the possibility that their death might be upon them before they were ready. This was part of the 'pastoral' approach of the clergy of the 17th and 18th centuries in particular as we find many references to it in the religious prose and sermon material of that period. Ó Coileáin's 'The Remorseful Man's Contemplation' (Poem 43), while reflecting mainly on the fate of the abbey at Timoleague, reveals the poet's belief that the glory of life, no matter how permanent and well-established it appears to be, will eventually fade and pass away. The poet's melancholy summary of what his life has become provides the reader with a sobering statement of what is for some people the reality of this world. Máire Mhac an tSaoi's short lyric 'Evening Thoughts (June 1940)' captures in a line and a half the central idea of this general theme when she writes: "O Lord, we who are ephemeral are no more/ than beauty which passes." (See Poem 50, v. 4). The transience of life and the importance of living it to the full are key concepts addressed by the poets of various literary periods. They are concepts engaged with by each generation in different ways.

The lure of this world often represents for many people the toughest challenge to belief in the afterlife. The question has exercised the minds of the world's greatest writers, thinkers, philosophers and theologians since time began. The composer of Poem 22, 'Open up for me, O Peter,' describes almost in terms of single combat the struggle between himself and the three-fold adversaries of the world, the flesh and the devil. (See v. 3). The conflict is a constant one ending only in death and the poet pleads for help in engaging these three in the battle of life. In addressing the world almost as if it were a living being Fear Feasa Ó'n Cháinte's poem, 'O World, yea, O World' (Poem 26), also deals with this worldly struggle. Each verse addresses a different aspect of the world's wiliness, or a different representation of life as he perceives it. It is a powerful reflection on how the world we live in, and its attractions, can drive a wedge into the foundations of our faith and belief. Doubt itself is always the greatest obstacle to a fully-fledged faith. Even the greatest mystics and religious personages of the Christian Church were not always immune to the advance of doubt on their belief. Thérèse of Lisieux herself struggled with the famous 'dark night of the soul'. She recalls in her autobiography that when she tried to conceive of heaven in her mind, her experience was that of a kind of darkness which she felt filled her very soul: "It's all a dream this talk of a heavenly country ... and of a God who made it all ... death will only give you – not what you hope for – but a still darker night, the night of nothingness."(HMU: 21)

The struggle with the uncertainties and the doubt that may afflict even those of the strongest faith, are the very things that bring people to cling more fully to their faith or to abandon it altogether. The later poems in this collection engage more fully with this dilemma. Early 20th-century religious poetry in Irish is frequently indicative of an unquestioning type of faith, but the later poetry born out of the poet's own doubt and insecurity often makes for more compelling reading. Poems which derive from the poets' questioning of aspects of Church teaching (and here, we are dealing mostly with the teachings of the Catholic Church) often reflect the passion and agony of individuals for whom blind faith is problematic or impossible. It is because poets wrestle with these issues through their creative work that we gain an insight into this very personal aspect of human life – that of the spiritual dimension of the human psyche.

Sometimes this dimension is portrayed in a simple and uncomplicated way, as Deirdre Brennan does in her poem 'In the Nuns' Cemetery' (Poem 51). Here, in her short reflection on the nature of life and of death, she pities the dead nuns who can no longer take pleasure in the simple things of this world – the sounds of children playing or the smell of freshly-baked bread – for example. It is only then she realises that she may well be wrong, as it occurs to her that she may be the one to be pitied since she has not yet passed into the fullness of the next life. There is a realisation that if there is an after-life, then it may well be a spiritual freedom in which the soul can soar – a freedom beyond human understanding. In 'Skellig Michael' (Poem 52), Brennan tells of a visit to the eponymous ancient site of Christian monasticism, where she imagines "the storm in soul and body" having driven the men into the solitude of the island retreat. It is almost as if she feels this is something that belongs to an outmoded type of spirituality, which no longer has any place in her life or in the modern world. Thinking about the monks' struggle with sin and temptation, however, brings her to realise that this particular struggle affects most believers. In the final verse, the poet reveals her delight that the women have reclaimed for themselves this ancient preserve of men. It is almost as if the women's presence in this former bastion of male spirituality has the effect of restoring what should be a natural balance. The women 'feminize' the rock and in so doing restore the balance of God's creation.

The unsettling effect of faith and belief raises its head in Liam Ó Muirthile's 'The Feast of Corpus Christi' (Poem 56). On witnessing a religious procession taking place, he is reminded of similar processions which were a part of Irish life until not so long ago. The remembrance of dreary religious ceremonies of the faith of his youth brings him to question his shaking off of the 'old ways'. It may be the case that while the poet has turned his back on Catholic 'models' of belief, the models themselves are far more deeply ingrained and embedded than he realises. Something about the scene pricks his conscience in a rather uncomfortable way. Perhaps it is the memory of an unforgettable series of doctrinal images so much part of a certain type of Catholic childhood which cannot so easily be jettisoned that brings on the awkwardness he feels. It is possible that the conflict between institutional religion and simple faith or spirituality are what is at the heart of the poet's feeling of unease here. Shallow adherence to a Church's code of belief does not necessarily imply a strong faith in the same way that non-practice is not always an indication that someone does not possess a strong faith. The Jesuit writer, Michael Paul Gallagher, sums up very neatly how this conflict might best be expressed using the metaphor of the temple and the mountain:

> Within each person lies another need for a temple, but a distrust of temples as we find them. Just as church forms of religion disappointed Yeats, for us too they can prove eclipses of God rather than gateways to him. Mere temple without mountain can spell shallowness and formalism. In this dividedness, as in many other ways, Yeats was a prophet of our spiritual fate, our unease with mountain alone or temple alone, but our seeming impotence to bridge those two hungers. (SF:101).

Caitlín Maude's long poem, 'Let us Pray' (Poem 53), is a call to Christ not to abandon his people but to walk with them on the journey through life and is a powerful expression of her own struggle with belief and faith. The poet succumbs to a moment of desolation in the poem when she states: "As for me/ I lost sight of/ my solace and my hope/ though I did my best to seek them out:" (See v. 4) but rises again to hope when she writes: "... do not conceal, O Christ, your grace/ raise once again your hands/ renew once more/ your blessing ..."

(See v. 5). The poems in her work which deal with belief reveal the presence in them of a spiritual quest reminiscent of what St. Anselm described as *fidens quaerens intellectum*: 'faith seeking understanding'. She addresses the conflict of the spiritual dimension of human belief and the world's continuing obsession with the material and the ephemeral. For Caitlín Maude it appears that the struggle to believe of itself helps to strengthen the very faith she is at times unsure of.

Some of the best poetry in the modern language has been written as a result of the struggle of the poet with the internal clash of belief and unbelief. These poems are often born out of the sense of alienation or marginalization which the poet experiences in his or her life. Máire Áine Nic Ghearailt explores her feeling of being at sea in a world which has changed almost beyond recognition in every way since her youth. Her poem, 'Little Christmas Eve' (Poem 55), describes how she remembers the security and safety of her youth. Her conviction that everything was in its place and that she, too, had her own place in the scheme of things has been shaken by the passage of time so that she now, like the Magi, is "looking for a star/ which shines and stops/ over my own people." (See v. 2) A sense of isolation shows through in this poem and may stir a similar sense of longing for a time of greater certainty in the reader. The poet is very aware of the way the modern world can isolate and uproot the individual and that this physical, psychological and spiritual uprootedness divorces people from their normal internal balance.

Áine Ní Ghlinn makes no secret of her sense of marginalisation in the poem 'Worship' (Poem 62). She speaks very much from the woman's perspective and for her, the Church is a place where she cannot feel welcome. Church buildings are representative of a patriarchal faith which holds no appeal for her, since she does not feel that she belongs there: "I cannot worship you/ where hammer and chisel/ have ravaged branch and stone" (See v. 1). The poet is amazed that those who profess to preach the faith appear not to be able to see the temple of God's glory all around them. That is the only place where she feels free to celebrate her faith: "I'll celebrate my mass under the sky/ I cannot worship you/ in the cold painted idols of the church" (See v. 3). Like Deirdre Brennan, Áine Ní Ghlinn identifies the imbalance in institutional religion and strongly regrets its impact on her faith and the faith of many other women.

These are views also found in the poetry of Cathal Ó Searcaigh. Ó Searcaigh's own difficulties with the institutional church are clearly expressed in Poem 65, 'Sanctuary'. God, as the poet understands him, is movingly revealed in and through the rugged and haunting beauty of his Donegal homeland. He presents an alternative notion of the Divine and rejects what he perceives as a monolithic and institutionalized conception. Cathal Ó Searcaigh's sense of alienation is powerfully stated in this poem but he reclaims the vocabulary of worship for himself. He rejects the iconographic monopoly of the Catholic Church. His sense of disaffection arises from his rejection of Catholic teaching on matters of sexual morality, in particular its stance on homosexuality. Ó Searcaigh has no interest in being "... tormented/ by the harsh piety of the pulpit/ threatening woe on those who transgress." (See v. 2). He embraces God as he is revealed in the beauty of the world around him, a God who does not restrict or bind people by endless rules and regulations: "No God of Tears ... God of Tyranny ... is this God I now gaze upon..." (See v. 2). For Ó Searcaigh, faith and belief are shaped by his pantheistic convictions and so can be celebrated without official structures. Ó Searcaigh's faith is that of the mountain rather than the temple.

Nuala Ní Dhomhnaill suggests that it is life itself which isolates her and that faith is somehow powerless to prevent this happening. Her poem, 'First Communion Day' (Poem 60), reveals her maternal instincts as her daughter crosses the first of life's many *rites de passage*. She deals here with the importance of the symbolic nature of the sacrament of Eucharist. First reception of Eucharist in the Catholic tradition is a highly spiritual and important occasion because it is the first time the child is deemed to be fully in communion with the family of God's believers and with God himself. The poet's fears for her daughter's passage through life are not allayed by the ceremony, and her tears are a sign of her worry. When her daughter asks her why she is crying, the poet lies because she is afraid to tell her the truth from the adult's perspective: "... how could I tell her about the life ahead of her,/ about the darkness through which she will have to walk/ alone, despite my very best efforts, and against my will?" (See v. 6). This may also be the first time that the poet as mother realises that she will eventually have to let her child go to make her own way through life. While it is obvious from the poem that the mother is somewhat disengaged from the practice of the faith, she grasps at the sacramental occasion to give her some sense of support at this stage of her life's journey.

The Irish spiritual tradition has been continuously expressed in verse for over 1,200 years. It is a rich and diverse literary heritage. The poems which may be said to belong to this *genre* of Irish poetry deal with many aspects of religious practice and belief and I have chosen a selection of poems for this anthology which is indicative of this tradition. The poems and, indeed, the interpretation I have gleaned from them may not please everyone but as the Latin poet Cicero once said: *de gustibus non est disputandum.* It is best, then, to allow the poems (and their translations) to speak for themselves. This introduction is intended as a general guide for a varied readership. If the poems themselves help people to a better appreciation of the spiritual heritage of the poetic tradition in Irish, then *Lón Anama* will have achieved its primary aim.

Leabharliosta/Bibliography

ABB   Cathal Ó Searcaigh. 1993. *An Bealach 'na Bhaile: Rogha Dánta*. Indreabhán.

ADCC   Douglas Hyde (eag.). 1906. *Abhráin Diaga Chúige Chonnacht*. Baile Átha Cliath.

AIP   Kuno Meyer (ed.). 1911. *Selections from Ancient Irish Poetry*. London.

AMR   Deirdre Brennan. 2000. *Ag Mealladh Réalta*. Baile Átha Cliath.

APB   Pádraig Denn. 1899. *Aighneas an Pheacaigh leis an mBás*. Waterford.

ÁPD   Diarmuid Ó Laoghaire SJ (eag.). 1982. *Ár bPaidreacha Dúchais*. Baile Átha Cliath.

ATR   Máire Ní Shúilleabháin RSCJ (eag.). 1985. *Amhráin Thomáis Rua*. Maigh Nuad.

ATS   Cathal Ó Searcaigh. 2001. *Ag Tnúth leis an tSolas*. Indreabhán.

BBD   Anraí Mac Giolla Chomhaill (eag.). 1985. *Bráithrín Bocht ó Dhún: Aodh Mac Aingil*. Baile Átha Cliath.

BIV   Thomas Kinsella (ed.). 2000. *The New Oxford Book of Irish Verse*. Oxford.

CA   Nuala Ní Dhomhnaill. 1998. *Cead Aighnis*. An Daingean.

CBA   Breandán Ó Buachalla (eag.). 1975. *Cathal Buí: Amhráin*. Baile Átha Cliath.

CC   Seán de Fréine (eag.). 1990. *Croí Cine: Dréachtíní agus Sleachta as Litríocht na Gaeilge*. Baile Átha Cliath.

CMD   Ciarán Ó Coigligh (eag.). 2005. *Caitlín Maude: Dánta, Drámaíocht, agus Prós*. Baile Átha Cliath.

CTM   Angela Partridge. 1983. *Caoineadh na dTrí Muire: Téama na Páise i bhFilíocht Bhéil na Gaeilge*. Baile Átha Cliath.

DAFD   Lambert McKenna SJ (eag.). 1919. *Dánta do chum Aoghus Fionn Ó Dálaigh*. Baile Átha Cliath.

DB   P.L. Henry (sel. & transl.). 1991. *Dánta Ban: Poems of Irish Women Early & Modern*. Cork.

DC   Patrick Murray (ed.). 1986. *The Deer's Cry*. Dublin.

DD   Láimhbheartach Mac Cionnaith SJ (eag.). 1938. *Dioghluim Dána*. Baile Átha Cliath.

DDr   Nuala Ní Dhomhnaill. 1981. *An Dealg Droighin*. Baile Átha Cliath.

DF   Caoimhghin Ó Góilidhe (eag.). 1974. *Díolaim Filíochta*. Baile Átha Cliath.

Donl.   Andréas Ó Duinnshléibhe. 1848. *An Teagasg Críosduidhe*. Baile Átha Cliath. (An chéad eagrán, Páras 1742).

DDU   Énrí Ó Muirgheasa (eag.). 1936. *Dánta Diadha Uladh.* Baile Átha Cliath.

DPD   Seán Ó Tuama (eag.) & Thomas Kinsella (aistr.). 1981. *An Duanaire 1600-1900: Poems of the Dispossessed*, Portlaoise.

EC   S.R. Littlewood (ed.). 1964. *Essays in Criticism by Matthew Arnold.* London.

ÉDN   Breandán Ó Conaire (eag.). 1974. *Éigse: Duanaire Nua na hArdteiste.* Baile Átha Cliath.

EIL   Gerard Murphy (ed. & transl.). 1998. *Early Irish Lyrics.* Dublin.

EIP   James Carney (ed.). 1965. *Early Irish Poetry.* Cork.

ES   Seán Ó Ríordáin. 1986. *Eireaball Spideoige.* Baile Átha Cliath.

F   Nuala Ní Dhomhnaill. 1991. *Feis.* Maigh Nuad.

FC   Ciarán Ó Coigligh (eag.). 1987. *An Fhilíocht Chomhaimseartha 1975-1985.* Baile Átha Cliath.

FHS   C. E. Meek & M. K. Simms (ed.). 1996. *The Fragility of Her Sex.* Dublin.

FÓ   Whitley Stokes (ed.). 1905. *Félire Óengusso Céli Dé.* Dublin.

FS   Nuala Ní Dhomhnaill. 1984. *Féar Suaithinseach.* Maigh Nuad.

GP   Áine Ní Ghlinn. 1988. *Gairdín Pharthais agus Dánta Eile*. Baile Átha Cliath.

GTIP   David Greene (ed.) & Frank O'Connor (transl.). 1967. *A Golden Treasury of Irish Poetry A.D. 600-1200*. London.

HMU   Michael Paul Gallagher SJ. 1983. *Help my Unbelief*. Dublin.

IBP   Osborn Bergin (ed.). 1984. *Irish Bardic Poetry*. Dublin.

KLC   Frank O'Connor (transl.). 1970. *Kings, Lords & Commons: An Anthology from the Irish*. Dublin.

KM   John Carey. 1998. *King of Mysteries: Early Irish Religious Writings*. Dublin.

LL   Máire Áine Nic Ghearailt. 1990. *Leaca Liombó*. Baile Átha Cliath.

MB   Cuallacht Chuilm Cille (eag.). Gan dáta. *Mil na mBeach*. Baile Átha Cliath.

MD   T. F. O'Rahilly (ed.). 1927. *Measgra Dánta*. Dublin & Cork.

MIL   James Carney (ed. & transl.). 1985. *Medieval Irish Lyrics*. Portlaoise.

MÍÓB   Muireann Ní Bhrolcháin (eag.). 1986. *Maol Íosa Ó Brolcháin*. Maigh Nuad.

MIP   Patrick Crotty (ed.). 1999. *Modern Irish Poetry*. Belfast.

MÓDD   Máirtín Ó Direáin. 1980. *Máirtín Ó Direáin: Dánta 1939-1979.* Baile Átha Cliath.

MS   Máire Mhac an tSaoi. 1971. *Margadh na Saoire.* Baile Átha Cliath.

ND I   Pádraig de Brún *et al.* (eag.). 1975. *Nua-Dhuanaire Cuid I.* Baile Átha Cliath.

ND II   Breandán Ó Buachalla (eag.). 1976. *Nua-Dhuanaire Cuid II.* Baile Átha Cliath.

NF 1   Séamas Ó Céileachair (eag.). 1965. *Nuafhilí 1 (1942-1952).* Baile Átha Cliath.

NF 2   Séamas Ó Céileachair (eag.). 1968. *Nuafhilí 2 (1953-1963).* Baile Átha Cliath.

PB   James Carney (ed.). 1964. *The Poems of Blathmac.* Dublin.

PBU   Lambert McKenna SJ (ed.). 1931. *Pilib Bocht Ó hUiginn.* Dublin.

PFTI   Eoin Neeson (ed. & transl.). 1985. *Poems from the Irish.* Dublin.

PGB   Nicholas J. A. Williams (ed.). 1980. *The Poems of Giolla Brighde Mac Con Midhe.* Dublin.

PGP   Seán Mac Réamoinn (ed.). 1982. *The Pleasures of Gaelic Poetry.* London.

RAD   Ciarán Ó Coigligh (eag.). 2000. *Raiftearaí: Amhráin agus Dánta.* Baile Átha Cliath.

RBR   Deirdre Brennan. 1984. *I Reilig na mBan Rialta.* Baile Átha Cliath.

RU   Seán Ó Ríordáin (aistr.) & Seán S. Ó Conghaile CSsR (eag.). 1971. *Rí na nUile.* Baile Átha Cliath.

SDD   Seán Ó Gallchóir (eag.). 1979. *Séamas Dall Mac Cuarta: Dánta.* Baile Átha Cliath.

SF   Michael Paul Gallagher SJ. 1990. *Struggles of Faith: Essays by Michael Paul Gallagher SJ.* Dublin.

SUD   Pádraig Ó Fiannachta (sel.) & Desmond Forristal (transl.). 1988. *Saltair: Urnaithe Dúchais.* Dublin.

TC   Liam Ó Muirthile. 1984. *Tine Chnámh.* Baile Átha Cliath.

TFG   Colm Ó Lochlainn (eag.). 1939. *Tobar Fíorghlan Gaedhilge.* Baile Átha Cliath.

Giorrúcháin/*Abbreviations*

aistr.	arna aistriú
eag.	arna chur in eagar
ed.	edited
fl.	*floruit*/flourished
IER	*Irish Ecclesiastical Record*
lch	leathanach
lgh	leathanaigh
l.	líne/line
ll.	línte/lines
ob.	*obit*/died
p.	page
pp.	pages
rogh.	arna roghnú
sel.	selected
transl.	translated
v.	véarsa/verse
vv.	véarsaí/verses

Sean- agus Meán-Ghaeilge

Old and Middle Irish

1. Tair cucum, a Maire boíd (Sliocht)

Is é Blathmac mac Con Brettan (*fl.* 760), file agus manach, a chum na véarsaí seo a leanas in onóir na Maighdine Muire. Tá dhá dhán leis ann, ceann ina bhfuil 149 rann agus ceann eile ina bhfuil 109 rann. Tá tagairtí sna dánta don Scioptúr Naofa agus don traidisiún dúchais, rud a thugann le fios gur dhuine léannta é Blathmac agus gur léann de chuid na cléire a bhí air. Bhí athair Bhlathmac, Cú Brettan, ina rí ar na Fir Rois (ceantar Mhuineacháin sa lá atá inniu ann) agus throid sé i gCath Almhaine sa bhliain 718. Tá tagairtí sa scéal *Cath Almaine* dó. Véarsaí iad seo ina moltar an Mhaighdean Mhuire agus a mac, Íosa Críost.

> Tair cucum, a Maire boíd,
> do choíniuth frit do rochoím;
> dirsan dul fri croich dot mac
> ba mind már, ba masgérat.
>
> Co tochmurr frit mo di láim
> ar do macind irgabáil;
> Ísu con-atoí do brú,
> nícon fochmai th'ógai-siu.
>
> Ansu, estu cech ingir
> Críst cháid, mó cech móirchimbith;
> ba dirsan roguin rinde,
> a Maire, fort phrímgeinde.
>
> Cotn–abairt cen phecath fír,
> do–forsat cen chneid ngalair;*

rot–nert cen chumaid – cain rath! –
isind aimsir hi crochad.

Cair, in cualaid mac am-ne
con-meseth a tréde-se?
Ní tuidchid for lesa ban
ocus nícon gignethar.

Prímgein Dé Athar fri nem
do mac, a Maire ingen;
ro-láithreth hi combairt glain
tri rath spirto sechtndelbaig.

Nícon fuair athair samlai,
a Maire, do macamrai;
ferr fáith, fisidiu cech druí,
rí ba hepscop, ba lánsuí.

Sainemlu cech doen a chruth,
brestu cech soer a balcbruth,
gaíthiu cech bruinniu fo nim,
fíriánu cech breithemain.

Maisiu, meldchu, mó macaib;
ó boí ina becbrataib
ru-fes a ndo-regad de,
gein tesairgne sochuide.

Soer a ngein ro-génair uait,
rot-rath, a Maire, mórbuaid;
Críst mac Dé Athar do nim,
é ron-ucais i mBeithil.

Ba suäichnid dia mbá, a bé,
cot mac i mBeithil Iude:
ad-fét aingel co clú gil
a gein donaib augairib.

Ad-ces rétglu co mméit móir
tairngert Bálam mac Bëóir;
ba sí do-deraid an-air
na tri druídea co ndánaib.

[PB, lch 2]

*Tagairt é seo don tuairim mheánaoiseach gur rug an Mhaighdean
Mhuire Íosa ar an saol gan cur isteach ar a cuid óchta.

1. Come to me, loving Mary (Extract)

Blathmac son of Cú Brettan (*fl.* 760) was a monk and a poet
who composed the following verses in honour of the Virgin
Mary. There are two poems, one which contains 149 quatrains
and another containing 109 quatrains. References in both
poems to Scripture and to the native tradition lead scholars
to believe that Blathmac was a learned man and that his training
was typical of that undergone by ecclesiastics. Blathmac's
father, Cú Brettan, was king of the Fir Rois (modern Co.
Monaghan) and he fought in the Battle of Allen in 718. There
are references to him in the story *Cath Almaine.* These verses
are in praise of the Virgin Mary and her Son, Jesus Christ.

Come to me, loving Mary,
that I may keen with you your very dear one.
Alas that your son should go to the cross,
he who was a great diadem, a beautiful hero.

That with you I may beat my two hands
for the captivity of your beautiful son:
your womb has conceived Jesus –
it has not marred your virginity.

More difficult, more grievous (?) was every tribulation
of holy Christ, greater than that of any renowned
    captive;
sad it was, Mary, the deep wound of points
upon your first-born.

You have conceived him without sin with man,
you have brought forth without ailing wound;*
without grief has he strengthened (excellent the grace!)
at the time of his crucifixion.

I ask: Have ye heard of a son being thus,
one who could do these three things?
Such has not come upon the thighs of women,
nor will such be born.

The first-born of God, the Father, in Heaven
is your son, Mary, virgin:
he has been begotten in a pure conception
through the grace of the Septiform Spirit.

No father found, Mary, the like
of your renowned son:
better he (your son) than prophet, more knowledgable
    than any druid,
a king who was bishop and full sage.

More excellent his form than that of any human being,
more vigorous his stout vigour than that of any wright;
wiser than any breast under Heaven,
more just than any judge.

He was more beautiful, more pleasant and bigger than
    other boys;
from the time when he was in his swaddling clothes
it was known what would come of him,
a being destined for the saving of multitudes.

Noble is the being who has been born to you!
There has been granted to you, Mary, a great gift:
Christ, son of God, the Father in Heaven,
him have you have borne in Bethlehem.

It was manifest, maiden, when you were
with your son in Bethlehem of Juda:
an angel of bright fame announces
his birth to the shepherds.

A star of great size was seen,
which Balaam, son of Beoir, had prophesied;
it was it that guided from the east
the three *magi* bearing gifts.

[Translation by James Carney in PB, p. 3]

*This is a reference to the medieval belief that the Virgin Mary
bore Jesus without in any way affecting her virginity.

2. In gormríg ro múchta (Sliocht)

As brollach *Félire Óengusso* a thagann na véarsaí seo a leanas. Is é an tEaspag Óengus ó Thamhlacht i mBaile Átha Cliath a chum an téacs thart ar an mbliain A.D. 830. Tá 365 rann ar fad sa téacs agus cuireadh brollach agus iarfhocal leo ina dhiaidh sin arís. Le linn na mblianta 1170-1174, scríobhadh tráchtaireacht ar an téacs agus tá sé sin le fáil sna cóipeanna den téacs atá ar marthain go fóill. Moladh atá sa chuid seo den dán ar Íosa Críost, Rí an Domhain. Tugann an file le fios go mairfidh ríocht Dé go buan i bhfad i ndiaidh do na ríochtaí eile dul in éag.

In gormríg ro múchtha,
in Domnaill ro plágtha,
in Chíaráin ro rígtha,
in Chronáin ro mártha.

Na mórshlébe andaig
ro tesctha co rinnib,
dorónta col-léce
slébe donaib glinnib.

Cía ron-beth do-chingthecht,
cath fri Demon détlae,
diar combair, ard áge,
maraid in Críst cétnae.

Cit úallaig ríg talman
i tlachtaib at glainiu,
atbélat iar tuiliu,
téit cách ría n-arailiu.

In rí cain co ngoiri,
Íssu úas tuinn tuili,
madgénair ó Mairi,
maraid dianéis uili.

[FÓ, lch 27]

2. The famous kings have been stifled (Extract)

The following verses come from the prologue to *Félire Óengusso*. Bishop Óengus of Tallaght in Dublin composed this text around the year A.D. 830. There are 365 quatrains in the whole work, and a prologue and epilogue were added afterwards. Around the years 1170-1174 a commentary on the text was composed and may be found in all copies of the tract still in existence. In these quatrains the poet is extolling Christ as King of the World. The poet indicates that God's kingdom is a lasting one, and will exist long after all other earthly kingdoms have faded away.

The famous kings have been stifled:
the Domnalls have been plagued:
the Ciaráns have been crowned:
the Cronáns have been magnified.

The great mountains of evil
have been cut down with spear-points:
forthwith have mountains
been made of the valleys.

Though we may have evil combating,
a battle with the bold Devil;
to aid us, a lofty pillar,
the same Christ remains.

Though haughty are earthly kings
in robes that are brightest,
they will perish after abundance,
each goes before another.

The fair King with piety,
Jesus over a wave of flood –
He was happily born of Mary –
abides after them all.

[Translation by Whitley Stokes, FÓ, p. 27]

3. Isam aithrech

Is é atá i gceist le *Saltair na Rann*, cnuasach 162 dán ar théamaí éagsúla (an Cruthú, Titim an Chine Dhaonna, stair an tSean-Tiomna, Beatha Chríost, agus an Breithiúnas Deireanach). Ghlac scoláirí leis ar feadh i bhfad gur scríobhadh *Saltair na Rann* sa bhliain 987 nó 988 de bharr nodanna teanga i gcorp an téacs. Shíl an scoláire Léinn Cheiltigh, James Carney, gur fhág an fhianaise sin gur sa 9ú haois a cumadh an téacs ach níl glacadh forleathan leis an tuairim sin. Dán ar an aithreachas atá i gceist ina n-impíonn an file ar Dhia as a chuid trua a chuid peacaí a mhaitheamh dó.

Isam aithrech (febda fecht),
a Choimdiu, dom thairimthecht:
dílig dam cach cin rom-thé,
a Chríst, ar do thrócaire.

Ar do thitacht cain i crí,
ar do gein, a mo Nóebrí,
ar do baithis mbúain i fus,
dílig dam cech n-immarbus.

Ar do chrochad co léire,
ó marbaib ar th'eiséirge,
tabair dam dílgud mo thal,
ar it Fíadu fírthrócar.

Ar do fhresgabáil (sóer sel)
cosin nAthair for nóebnem,
feib do ráidis frinn ría techt
dílaig dam mo thairimthecht.

Ar do thitacht (déoda in gair)
do mess for slóg síl Ádaim,
ar nóe ngrád nime (cen chlith)
dílgiter dam mo chinaid.

Ar buidin na fátha fír,
ar drong molbthach na mairtír,
dílig dam cach cin rom-gab
ar fhairinn na n-úasalathar.

Ar chléir na n-apstal cen chol,
ar shlúag na n-úag ndeiscipol,
ar cach nóeb co rath rígda
dílig dam mo mígníma.

Ar cech nóebúaig ós bith bras,
ar bantracht na prímlaíchas,
dílig dam cach cin fo nim
ar Maire n-amra nIngin.

Ar muintir talman (torm ndil),
ar muintir nime nóebgil,
tabair dílgud bas dech
dom chintaib úair 'sam aithrech.

[EIL, lch 36]

3. I am repentant, Lord

The following poem is found in the text *Saltair na Rann*, a collection of 162 cantos on various themes (Creation, the Fall of Humankind, Old Testament history, the Life of Christ, and the Last Judgement). It was accepted for a long time by scholars that *Saltair na Rann* was written around the year 987 or 988 owing to certain linguistic evidence in the body of the text. This evidence led the noted Celticist, James Carney, to propose that the text may have been composed as early as the 9th century but this proposal has not received widespread acceptance. The following poem is on the theme of repentance and in it the poet pleads with God Almighty in his mercy to take pity on him and to forgive him his sins.

> I am repentant, Lord,
> for my transgression, as is right:
> Christ, of thy mercy,
> forgive me every sin that may be attributed to me.
>
> For thy kind coming into a body,
> for thy birth, my blessed King,
> for thy lasting baptism in this world,
> forgive me every fault.
>
> For thy devoted crucifixion,
> for thy resurrection from the dead,
> grant me pardon of my passions,
> for thou art a truly merciful Lord.
>
> For thy ascension (glorious moment)
> to the Father in holy Heaven,

forgive me my transgression
as thou didst tell us before thy departure.

For thy coming (godly word)
to judge the people of Adam's race,
for the nine heavenly orders (I conceal it not)
let my faults be forgiven.

For the gathering of the true prophets,
for the praiseworthy band of the martyrs,
forgive me every sin that has mastered me
for the assembly of the venerable Fathers.

For the company of the sinless apostles,
for the host of the chaste disciples,
for every saint blessed with kingly grace
forgive me my ill deeds.

For every holy virgin on the great earth,
for the assemblage of the distinguished laywomen,
forgive me every sin beneath Heaven
for wondrous Maiden Mary.

For those who dwell on earth (beloved utterance),
for those who dwell in blessed bright Heaven,
grant me fullest forgiveness
of my sins because I am repentant.

[Translation by Gerard Murphy, EIL, p. 37]

4. Adram in Coimdid

Is véarsa beag é seo a fuarthas i measc na rann a d'úsáidtí le rialacha meadarachta a mhíniú i dtráchtais na bhfilí. Chóirigh Rudolf Thurneysen na tráchtais seo agus foilsíodh in *Irische Texte iii* faoi eagar Whitley Stokes agus Ernst Windisch sa bhliain 1891 iad. Scríobhaí de chuid an 11ú haois a chóipeáil an rann seo ach d'fhéadfadh sé bheith chomh sean leis an 9ú haois. Móradh ar mhórgacht Dé sa chruthú atá i gceist le hábhair an rainn.

> Adram in Coimdid
> cusnaib aicdib amraib,
> nem gelmár co n-ainglib,
> ler tonnbán for talmain.

[EIL, lch 4]

88

4. Let us adore the Lord

This verse was found among a number of stanzas which were used to explain the rules appertaining to metre in the poets' tracts. These tracts were arranged by Rudolf Thurneysen and published in *Irische Texte iii* (1891), which was edited by Whitley Stokes and Ernst Windisch. This verse was written by an 11th-century scribe but may itself date from as early as the 9th century. The verse is a celebration of God's majesty in creation.

> Let us adore the Lord,
> maker of wondrous works,
> great bright Heaven with its angels,
> the white-waved sea on earth.

[Translation by Gerard Murphy, EIL, p. 5]

5. Día lim fri cach sním (Sliocht)

Tá an leagan seo den iomann thíos le fáil sa chóip den *Liber Hymnorum* atá i gColáiste na Tríonóide, Baile Átha Cliath. Is cosúil gur ag deireadh an 11ú nó ag tús an 12ú haois a bhreac scríobhaí na lámhscríbhinne an dán síos. Tá an teideal 'Mael Isu dixit' ar an téacs. Shíl Murphy (EIL: 194) gurbh ionann an Mael Isu seo agus an Maol Íosa Ó Brolcháin a fuair bás sa bhliain 1086. Iarrann an file ar an Tríonóid é a chosaint ar gach olc agus dochar sa dán gearr seo.

Día lim fri cach sním,
triar úasal óen,
Athair ocus Mac
ocus Spirut Nóeb.

Nóebrí gréine glan
as choímiu cach dlug,
atach n-amra ndam
fri slúag ndemna ndub.

In t-Athair, in Mac,
in Nóebspirut án,
a tréide dom dín
ar nélaib na plág,

Ar díanbás, ar bedg,
ar brataib na mberg, –
romm-ain Ísu ard
ar in ngalar nderg.

[EIL, lch 22]

5. God be with me against all trouble (Extract)

This version of the following hymn may be found in the copy of the *Liber Hymnorum* in Trinity College, Dublin. The writer of the manuscript apparently copied the poem some time at the end of the 11th or beginning of the 12th century. The title 'Mael Isu dixit' appears at the start of the text. Murphy (EIL: 194) thought that this Mael Isu and the Maol Íosa Ó Brolcháin who died in 1086 were one and the same. In this short poem, the poet asks the Trinity to protect him against all evil and harm.

> God be with me against all trouble,
> noble Trinity which is one,
> Father, Son,
> and Holy Spirit.
>
> The bright holy King of the sun,
> who is more beautiful than anything to which we have
>   a right
> is a wondrous refuge for me
> against the host of black demons.
>
> The Father, the Son,
> the glorious Holy Spirit,
> may these three protect me
> against all plague-bearing clouds.
>
> Against violent or sudden death,
> against all brigands' plunderings, –
> may great Jesus guard me
> against dysury.

[Translation by Gerard Murphy, EIL, p. 23]

6. Ísucán

B'eaglaiseach mór le rá i lár an 6ú haois í Íte. Ainmníodh Cill Íde i gCo. Luimnigh aisti. Luaitear an dán seo a leanas léi agus tá sé le fáil sa tráchtaireacht a fhaightear ar *Félire Óengusso*. Dán é seo ina mórann an file an Leanbh Íosa thar dhuine nó rud ar bith eile ar an saol seo. Léirítear an teagmháil phearsanta atá ag an bhfile le hÍosa agus cuirtear in iúl don léitheoir gur fearr sin ná saibhreas uile nó cumhacht uile an domhain seo féin.

> Ísucán
> alar lium im dísiurtán;
> cía beith cléirech co lín sét,
> is bréc uile acht Ísucán.
>
> Altram alar lium im thig,
> ní altram nach dóerathaig –
> Ísu co feraib nime,
> frim chride cech n-óenadaig.
>
> Ísucán óc mo bithmaith:
> ernaid, ocus ní maithmech.
> In Rí con-ic na uili
> cen a guidi bid aithrech.
>
> Ísu úasal ainglide,
> noco cléirech dergnaide,
> alar lium im dísirtán,
> Ísu mac na Ebraide.
>
> Maic na ruirech, maic na ríg,
> im thír cía do-ísatán,

ní úaidib saílim sochor:
is tochu lium Ísucán.

Canaid cóir, a ingena,
d'fhir dliges bar císucán;
atá 'na phurt túasucán
cía beith im ucht Ísucán.

[EIL, lch 26]

6. Christ-child

Íte was an important church-woman who lived in the mid-6th century. Killeedy in Co. Limerick is named after her. The following poem is attributed to her and is to be found in the commentary on *Félire Óengusso*. In the poem the poet praises the Child Jesus above every other person or thing in this life. There is a particular emphasis on the personal nature of the poet's relationship with the Christ-child and the reader is told that this is far better than all the wealth or power the world has to offer.

It is little Jesus
who is nursed by me in my little hermitage.
Though a cleric have great wealth,
it is all deceitful save Jesukin.

The nursing done by me in my house
is no nursing of a base churl:
Jesus with Heaven's inhabitants
is against my heart every night.

Little youthful Jesus is my lasting good:
He never fails to give.
Not to have entreated the King who rules all
will be a cause of sorrow.

It is noble angelic Jesus
and no common cleric
who is nursed by me in my little hermitage –
Jesus son of the Hebrew woman.

Though princes' sons and kings' sons
come into my countryside –
not from them do I expect profit:
I love little Jesus better.

Sing a choir-song, maidens,
for Him to whom your tribute is due.
Though little Jesus be in my bosom,
He is in his mansion above.

[Translation by Gerard Murphy, EIL, p. 27]

7. Cros Chríst

Luaitear an dán seo a leanas le Mugrón a bhí ina chomharba ag Colm Cille mar ab ar Oileán Í idir na blianta A.D. 965 agus 981. Ar bhealach is dán in onóir na Croise Naofa é seo chomh maith le hachainí ar Dhia a bheannacht a chur ar gach rud atá luaite sa dán. Is féidir go mbíodh an nós ag an bhfile Comhartha na Croise a dhéanamh go minic agus an phaidir á rá aige.

Cros Chríst tarsin ngnúisse,
tarsin gclúais fon cóirse.
Cros Chríst tarsin súilse.
Cros Chríst tarsin sróinse.

Cros Chríst tarsin mbélsa.
Cros Chríst tarsin cráessa.
Cros Chríst tarsin cúlsa.
Cros Chríst tarsin táebsa.

Cros Chríst tarsin mbroinnse
(is amlaid as chuimse).
Cros Chríst tarsin tairrse.
Cros Chríst tarsin ndruimse.

Cros Chríst tar mo láma
óm gúaillib com basa.
Cros Chríst tar mo lesa.
Cros Chríst tar mo chasa.

Cros Chríst lem ar m'agaid.
Cros Chríst lem im degaid.
Cros Chríst fri cach ndoraid
eitir fán is telaig.

Cros Chríst sair frim einech
Cros Chríst síar fri fuined.
Tes, túaid cen nach n-anad,
cros Chríst cen nach fuirech.

Cros Chríst tar mo déta
nám-tháir bét ná bine.
Cros Chríst tar mo gaile.
Cros Chríst tar mo chride.

Cros Chríst súas fri fithnim.
Cros Chríst sís fri talmain.
Ní thí olc ná urbaid
dom chorp ná dom anmain.

Cros Chríst tar mo shuide.
Cros Chríst tar mo lige.
Cros Chríst mo bríg uile
co roisem Ríg nime.

Cros Chríst tar mo muintir.
Cros Chríst tar mo thempal.
Cros Chríst isin altar.
Cros Chríst isin chentar.

O mullach mo baitse
co ingin mo choise,
a Chríst, ar cach ngábad
for snádad do chroise.

Co laithe mo báisse,
ría ndol isin n-úirse,
cen ainis* do-bérsa
crois Chríst tarsin ngnúisse.

[EIL, lch 32]

*Níl ciall an fhocail seo soiléir.

7. Christ's Cross

The following poem is attributed to Mugrón who was successor to Colm Cille as abbot of Iona between the years A.D. 965 and 981. In many ways it is a poem in honour of the Holy Cross, as well as being an invocation to God to bestow his blessing on everything mentioned in the poem. It is quite possible that the poet accompanied his prayer with frequent gestures of the Sign of the Cross while simultaneously reciting the words.

Christ's cross over this face,
and thus over my ear.
Christ's cross over this eye.
Christ's cross over this nose.

Christ's cross over this mouth.
Christ's cross over this throat.
Christ's cross over the back of this head.
Christ's cross over this side.

Christ's cross over this belly
(so it is fitting).
Christ's cross over this lower belly.
Christ's cross over this back.

Christ's cross over my arms
from my shoulders to my hands.
Christ's cross over my thighs.
Christ's cross over my legs.

Christ's cross to accompany me before me.
Christ's cross to accompany me behind me.

Christ's cross to meet every difficulty
both on hollow and hill.

Christ's cross eastwards facing me.
Christ's cross back towards the sunset.
In the north, in the south unceasingly
may Christ's cross straightway be.

Christ's cross over my teeth
lest injury or harm come to me.
Christ's cross over my stomach.
Christ's cross over my heart.

Christ's cross up to broad (?) Heaven.
Christ's cross down to earth.
Let no evil or hurt come
to my body or my soul.

Christ's cross over me as I sit.
Christ's cross over me as I lie.
Christ's cross be all my strength
till we reach the King of Heaven.

Christ's cross over my community.
Christ's cross over my church.
Christ's cross in the next world;
Christ's cross in this.

From the top of my head
to the nail of my foot,
O Christ, against every danger
I trust in the protection of thy cross.

Till the day of my death,
before going into this clay,
I shall draw without [?*]
Christ's cross over this face.

[Translation by Gerard Murphy, EIL, p. 33]

*The meaning of this word is unclear in the original text.

8. A Dé dúilig, atat-teoch

Creidtear gurbh é Airbertach mac Cosse Dobráin a chum an dán seo sa bhliain A.D. 982. Bhí sé ina mhanach léannta i mainistir Ros Ó gCairbre i gCo. Chorcaí timpeall na bliana A.D. 990. Iarrann an file ar Dhia gan breithiúnas ródhian a dhéanamh air, agus ligean dó bheith ina chuideachta ar Neamh don séire síoraí a bheas ann i ndiaidh an Bhreithiúnais Dheireanaigh.

> A Dé dúilig, atat-teoch:
> is tú mo rúinid co rath;
> rimsa ní ro shoa do dreich,
> úair is tú mo breith cen brath.
>
> Is tú mo rí; is tú mo recht;
> is let mo chrí, is let mo chorp;
> not-charaim, a Chríst cen chacht,
> úair is lat m'anaim in-nocht.
>
> Ní béo 'cá díchleith, a Rí:
> ro béo it rígthreib frim ré;
> do-roimliur in fleid dot méis;
> ním-fhargba dott éis, a Dé.
>
> [EIL, lch 36]

8. O God, Lord of Creation

Airbertach mac Cosse Dobráin is believed to have composed this poem in the year A.D. 982. He was a learned monk of the monastery of Roscarberry in Co. Cork around the year A.D. 990. In the poem, the poet asks God not to judge him too harshly, and to allow him to spend eternity in his company at the heavenly feast, which will take place after the Final Judgement.

> O God, lord of creation, I invoke thee.
> Thou art my gracious counsellor.
> Mayest thou not turn thy face towards me,
> for thou art my judgement without betrayal.
>
> Thou art my King. Thou art my law.
> My flesh, my body are thine.
> I love thee, blessed Christ,
> for my soul is thine tonight.
>
> Let me not hide it, O King:
> may I be in thy royal dwelling throughout my existence;
> may I eat the banquet from thy table;
> leave me not behind thee, O God.

[Translation by Gerard Murphy, EIL, p. 37]

9. Is mebul dom imrádud

Is i lámhscríbhinn (*An Leabhar Breac*) in Acadamh Ríoga na hÉireann i mBaile Átha Cliath atá an dán seo le fáil. Creidtear go mbaineann sé leis an 10ú hAois. Tá a chuid mífhoighne á léiriú ag an bhfile as a dheacra atá sé a intinn a choinneáil ar an nguí atá ar siúl aige agus a éasca a shleamhnaíonn a chuid smaointe uaidh. Iarrann sé cuidiú ar Dhia smacht a chur orthu agus srian a chur leo.

Is mebul dom imrádud
a méit élas úaimm:
ad-águr a imgábud
i lló brátha búain.

Tresna salmu sétaigid
for conair nád cóir:
reithid, búaidrid, bétaigid
fíad roscaib Dé móir,

Tre airechtu athlama,
tre buidne ban mbóeth,
tre choillte, tre chathracha –
is lúaithiu ná in góeth.

Tresna séta sochraide
ind ala fecht dó,
tre ... dochraide
fecht aile (ní gó).*

Cen ethar 'na chlóenchéimmim
cingid tar cech ler;
lúath linges 'na óenléimmim
ó thalmain co nem.

Reithid (ní rith rogaíse)
i n-ocus, i céin;
íar réimmennaib robaíse
taidlid día thig féin.

Ce thríalltar a chuimrechsom
nó geimel 'na chois,
ní cunnail, ní cuimnechsom
co ngabad feidm fois.

Fóebur ná fúaimm flescbuille
ní-tráethat co tailc;
sleimnithir eirr n-escuinge
oc dul as mo glaicc.

Glas, nó charcar chromdaingen,
nó chuimrech for bith,
dún, nó ler, nó lomdaingen
nín-astat día rith.

Táet, a Chríst choím chertgenmnaid
díanaid réil cech rosc,
rath in Spirta sechtdelbaig
día choimét, día chosc.

Follamnaig mo chridesea,
a Dé dúilig déin,
corop tú mo dilesea,
co ndernar do réir.

Rís, a Chríst, do chétchummaid:
ro bem imma-llé;
níta anbsaid éccunnail,
ní inonn is mé.

[EIL, lch 38]

*Tá an téacs agus an chiall doiléir anseo.

9. Shame to my thoughts

This poem is found in a manuscript known as *An Leabhar
Breac* in the Royal Irish Academy in Dublin. It is believed to
date from the 10th century. The poet reveals his frustration
in the poem with regard to the diffulty he has in controlling
his thoughts while praying, and how easily they stray onto
other things. He asks God to help him control them and rein
them in.

Shame to my thoughts
how they stray from me!
I dread great danger from it
on the day of lasting doom.

During the psalms they wander
on a path that is not right:
they run, they disturb, they misbehave
before the eyes of great God,

Through eager assemblies,
through companies of foolish women,
through woods, through cities –
swifter than the wind,

Now along pleasant paths,
again (no lie) through hideous …*

Without a ferry in their perverse path
they go over every sea;
swiftly they leap in one bound
from earth to Heaven.

They run (not a course of great wisdom)
near, afar;
after roamings of great folly
they visit their own home.

Though one should set about binding them
or putting shackles on their feet,
they lack constancy and recollection for undertaking
the task of remaining still.

Neither edged weapon nor the sound of whip-blows
keeps them down firmly;
they are as slippery as an eel's tail
gliding out of my grasp.

Neither lock, nor firm vaulted dungeon,
nor any bond at all,
stronghold, nor sea, nor bleak fastness
restrains them from their course.

O beloved truly chaste Christ
to whom every eye is clear,
may the grace of the sevenfold Spirit
come to keep and check them.

Rule this heart of mine,
O zealous God of creation,
that thou mayest be my love,
that I may do thy will.

May I attain perfect companionship with thee, O Christ:
may we be together;
thou art neither fickle nor inconstant –
not as I am.

[Translation by Gerard Murphy, EIL, p. 39]

*The meaning is unclear in the original text.

10. Rop tú mo baile

Creideann scoláirí gur a deireadh an 10ú haois nó ag tús an 11ú haois a cumadh an dán seo. Tá cóipeanna den téacs i lámhscríbhinní sa Leabharlann Náisiúnta i mBaile Átha Cliath agus in Acadamh Ríoga na hÉireann. Cur síos atá ann ar mhian an fhile gur dlúthchuid de Dhia a bheas ann agus go mbeidh Dia á chosaint go deo. Tá macalla sa dán seo den rud a dúirt Naomh Agaistín sa chéad chaibidil de Leabhar I den *Confessio*: *quia fecistis nos ad te, et inquietum est cor nostrum donec requiescat in te* ('mar gur duit féin a rinne tú muid agus bíonn ár gcroí gan suaimhneas nó go dtéann sé chun suaimhnis ionatsa.')

Rop tú mo baile,
a Choimdiu cride:
ní ní nech aile
acht Rí secht nime.

Rop tú mo scrútain
i lló 's i n-aidche;
rop tú ad-chëar
im chotlud caidche.

Rop tú mo labra,
rop tú mo thuicsiu;
rop tussu damsa,
rob misse duitsiu.

Rop tussu m'athair,
rob mé do macsu;
rop tussu lemsa,
rob misse latsu.

Rop tú mo chathscíath,
rop tú mo chlaideb;
rop tussu m'ordan,
rop tussu m'airer.

Rop tú mo dítiu,
rop tú mo daingen;
rop tú nom-thocba
i n-áentaid n-aingel.

Rop tú cech maithius
dom churp, dom anmain;
rop tú mo fhlaithius
i nnim 's i talmain.

Rop tussu t'áenur
sainsherc mo chride;
ní rop nech aile
acht Airdrí nime.

Co talla forum,*
ré ndul it láma,
mo chuit, mo chotlud,
ar méit do gráda.

Rop tussu t'áenur
m'urrann úais amra:
ní chuinngim daíne
ná maíne marba.

Rop amlaid dínsiur
cech sel, cech sáegul,
mar marb oc brénad,
ar t'fhégad t'áenur.

Do sherc im anmain,
do grád im chride,
tabair dam amlaid,
a Rí secht nime.

Tabair dam amlaid,
a Rí secht nime,
do sherc im anmain,
do grád im chride.

Go Ríg na n-uile
rís íar mbúaid léire;
ro béo i flaith nime
i ngile gréine.

A Athair inmain,
cluinte mo núallsa:
mithig (mo-núarán!)
lasin trúagán trúagsa.

A Chríst mo chride,
cip ed dom-aire,
a Fhlaith na n-uile,
rop tú mo baile.

[EIL, lch 42]

*Ciall na chéad líne doiléir.

10. Be thou my vision

Scholars believe that this poem was composed some time around the end of the 10th or the beginning of the 11th century. Copies of the text are in manuscripts in the National Library and in the Royal Irish Academy in Dublin. The poem contains a description of the poet's desire to enjoy a relationship as close as possible to God, and a prayer that he will always enjoy God's protection. There is an echo here of St. Augustine's oft-quoted remark in the first chapter of Book I of his *Confession*: "for you have made us for yourself and our hearts are restless until they rest in you."

Be thou my vision,
beloved Lord:
none other is aught
but the King of the seven heavens.

Be thou my meditation
by day and night;
may it be thou that I behold
for ever in my sleep.

Be thou my speech,
be thou my understanding;
be thou for me;
may I be for thee.

Be thou my father;
may I be thy son;
mayest thou be mine;
may I be thine.

Be thou my battle-shield,
be thou my sword;
be thou my honour,
be thou my delight.

Be thou my shelter,
be thou my stronghold;
mayest thou raise me up
to the company of the angels.

Be thou every good
to my body and soul;
be thou my kingdom
in heaven and earth.

Be thou alone
my heart's special love;
let there be none other
save the High-king of heaven.

...*

before going into thy hands,
my sustenance, my sleep,
through greatness of love for thee.

Be thou alone
my noble and wonderful portion:
I seek not men
nor lifeless wealth.

To see thee alone
may I despise
all time, all life,
as a stinking corpse.

Thy love in my soul
and in my heart –
grant this to me,
O King of the seven heavens.

Grant this to me,
O King of the seven heavens,
thy love in my soul,
and in my heart.

To the King of all
may I come after prized practice of devotion;
may I be in the kingdom of heaven
in the brightness of the sun.

Beloved Father,
hear my lamentation:
this miserable wretch (alas!)
thinks it time.

Beloved Christ,
whate'er befall me,
O Ruler of all,
be thou my vision.

[Translation by Gerard Murphy, EIL, p. 43]

*The sense of this line is not clear in the original text.

11. Tórramat do nóebaingil

I leith Naomh Pádraig féin a chuirtear an dán seo agus meastar go mbaineann sé leis an 10ú nó an 11ú haois. Iarrtar ar na haingil faire ar phobal Dé sa dán seo agus iad a chosaint agus a choinneáil slán ó gach olc, ina ndúiseacht agus ina gcodladh dóibh.

Pátraic dixit:

Tórramat do nóebaingil,
a Chríst meic Dé bí,
ar cotlud, ar cumsanad,
ar lepaid co llí.

Físsi fíra foillsiget
'nar cotaltaib dún,
a Ardfhlaith inna n-uile,
a Ruire na rún.

Ná millet ar cumsanad,
ar cotlud lainn lúath,
demna, erchóit, aidmilliud,
aislingi co n-úath.

Rop cráibdech ar frithaire,
ar monar, ar mod;
ar cotlud, ar cumsanad
cen terbaid, cen tor.

[EIL, lch 44]

11. May thy holy angels tend

This poem is said to have been recited by St. Patrick, but is reckoned to date from the late 10th or early 11th century. In the poem Patrick asks God to send his holy angels to watch over his people, and to protect and preserve them from all harm in both their waking and sleeping.

Quoth Patrick:

May thy holy angels,
O Christ, son of the living God,
tend our sleep, our rest,
our bright bed.

Let them reveal true visions
to us in our sleep,
O High-prince of the universe,
O great mysterious King.

May no demons, no ill, no injury
or terrifying dreams
disturb our rest,
our prompt and swift repose.

May our waking, our work
and our activity be holy;
our sleep, our rest,
unhindered and untroubled.

[Translation by Gerard Murphy, EIL, p. 45]

12. In Spirut Naem immunn

Is é Mael Íosa Ó Brolcháin (*ob*. 1086) a chum an dán seo. Níl sé soiléir cén stádas a bhí aige – ar shagart, mhanach nó thuatach é – ach tugtar *clérech* sa lámhscríbhinn Laud. 610 air. Oileadh i mBoth Chonais, mainistir a bhí suite taobh amuigh de bhaile Chúil Dabhcha i gCo. Dhún na nGall é. Chaith sé tamall in Ard Mhacha agus i dtreo dheireadh a shaoil chuaigh sé ar oilithreacht go dtí Lios Mór, i gCo. Phort Láirge, áit a bhfuair sé bás. Is achainí láidir ar an Spiorad Naomh atá sa dán thíos chun muid a threorú sa saol seo agus chun muid a chosaint ar dhochar, ar thinneas agus ar pheacúlacht, agus ár gcuid cráifeachta a neartú.

In Spirut Naem immunn,
innunn ocus ocunn,
in Spirut Naem chucunn,
táet a Chríst co hopunn.

In Spirut Naem d'aitreb
ar cuirp is ar n-anma,
diar snádud co solma
ar gábud, ar galra,

ar demnaib, ar phecdaib,
ar iffern co n-ilulc;
A Ísu ron-naema,
ron-saera do Spirut.

[MÍÓB, lch 58]

12. May the Holy Spirit be around us

This poem was composed by Maol Íosa Ó Brolcháin (*ob.* 1086). It is not clear what his status was – whether he was a priest, a monk or a layman – but he is referred to as a *clérech* ('cleric') in the manuscript Laud. 610. He was educated in Both Chonais, a monastery which once stood outside the town of Culdaff in Co. Donegal. He spent time in Armagh and towards the end of his life, went on a pilgrimage to the monastery at Lismore, Co. Waterford, where he died. The poem below is a powerful plea by the poet to the Holy Spirit to guide and protect all of us from harm, sickness, sinfulness and to strengthen us in holiness.

> May the Holy Spirit be around us,
> in us and with us;
> let the Holy Spirit
> come to us, O Christ, with haste.
>
> May the Holy Spirit abide
> in our bodies and our souls;
> to promptly preserve us
> from danger, from sickness,
>
> from demons, from sins,
> from hell with its many ills.
> O Jesus, may your Spirit make us holy,
> and set us free.

13. A Choimdiu, nom-chomét

Maol Íosa Ó Brolcháin a chum. Mothaíonn Maol Íosa gur arm cosanta atá sa lúireach agus is i gcruth lúirigh atá an dán seo thíos. Léiríonn an dán an mhian láidir a bhí aige freastal dílis a dhéanamh ar Dhia ach go raibh sé cráite ag buairt aigne faoina pheacúlacht féin. Feicimid daonnacht an fhile go mór anseo agus tugtar léargas soiléir dúinn trí ábhar an dáin ar an umhlaíocht a bhaineann leis an bhfile féin.

A Choimdiu, nom-chomét,
etir chorp is anmain,
etir iris n-imglain
co ndigius fon talmain.

Comét dam mo shúile
a Ísu meic Maire,
nácham-derna sanntach
aicsin cruid neich aile.

Comét dam mo chlúasa
nár chloistet fri écnach,
nár éistet co rognáth
fri baís for bith bétach.

Comét dam mo thenga
nár écnadar duine,
nár cháiner araile,
nár báiger tré luige.

Comét dam mo chride,
a Chríst ar do baíde,
nár scrútar co truaige
dúthracht nácha claíne.

Ní raibh miscais foa,
ná format, ná dallad,
ná diúmmas, ná dímes,
ná éilned, ná annach.

Comét mo broinn mbuilid
nár líntar cen mesair,
co rop déniu a tosaig
a brith asin tesaig.

Comét dam mo láma
ná rigter fri debaid,
nár clechtat iar sodain
athchuingid fo mebail.

Comét dam mo chosa
for bith builid Banba;
ná digset a fosta
fri tosca cen tarba.

Nírbam utmall, anbsaid
a meic mo Dhé deithnig;
coná farcbar m'ined
co rop dliged deithbir.

Comét mo bhall ferda
im genus co nglaine;
étrad ní rom-báide,
ním-tháirle, ním-thaire.

Ním-reilce i cair cennda
don ochtar ard airdirc,
a Chríst tair dom dochum
dia tofunn, dia tairbirt.

Nom-erbaim duit uile,
dom dítin cen doidgne,
ar do rath co romét
nom-chomét, a Choimdiu.

[MÍÓB, lch 46]

13. O Lord, protect me

Composed by Maol Íosa Ó Brolcháin. Maol Íosa sees the
breastplate as a great protective tool and this poem is in the
form of a breastplate. The poem reveals his intense desire to
serve God faithfully but shows how much he was tormented
by worries about his own sinfulness. The poet's humanity is
seen very clearly here and the poem's content gives us a moving
picture of his humility.

O Lord, protect me,
both body and soul,
through pure faith,
till I go under the ground.

Protect for me my eyes,
O Jesus, Son of Mary,
that it not make me greedy
to see another's wealth.

Protect for me my ears,
that they will pay no heed to backbiting,
and that they will not regularly listen
to foolishness in the sinful world.

Protect for me my tongue,
that it slander no-one,
that I criticise no-one,
that I not boast with an oath.

Protect for me my heart,
O Christ, through your love,
lest I wretchedly promote
any perverse desire.

Let there be no hatred in it,
nor envy, nor blindness,
nor pride, nor disrespect,
nor corruption, nor harm.

Protect my good belly,
that it not be filled without temperance;
that swifter in the beginning,
it may be brought out of the heat.

Protect for me my hands,
that they not be stretched out for strife
that they may not practise, after that,
a shameful petition.

Protect for me my feet
upon the good ground of Ireland,
that they stir not out of their place
on no good business.

May I not be unsteady and restless,
O Son of my earnest God;
so that I leave not my place
till it be right and proper.

Protect my male organ
in chastity and purity:
let lust not overcome me,
let it not approach me, let it not come to me!

Let me not fall into any one
of the notorious eight great chief sins:
O Christ, come to me,
to pursue them, to subdue them.

I give myself totally to you
to protect me without hardship.
Of your great grace
protect me, O Lord.

14. A Choimdiu baíd

Maol Íosa Ó Brolcháin a chum. Thug Muireann Ní Bhrolcháin faoi deara (MÍÓB: 37) go mbíodh an nós ag Maol Íosa pian agus fulaingt a iarraidh ar Dhia. Deir sí gur gné an-neamhghnách dá chuid spioradáltachta é seo. Is cosúil gur shíl Maol Íosa dá mhéad a bheadh le fulaingt ar an saol seo aige, gur mó an tairbhe agus an luach saothair a bheadh ag dul dó sa saol eile, rud a bhain cuid mór le saothar scríbhneoirí cráifeacha sna meánaoiseanna. Ar ndóigh tá sé le feiceáil arís sa dán seo go raibh cosaint agus cumhdach á lorg ag Maol Íosa mar achainí ar Dhia, agus gur gné í seo dá chuid filíochta a bhíonn i gceist go minic sna dánta a chum sé.

A Choimdiu baíd,
a Rí na Ríg,
a Athair inmain,
airchis dím.

Ná rucam inn-onn
nach pecad linn;
ná fágbam tall
péin ar ar cinn.

Treblait nor-glana
nos-tabair dún,
a Meic Dé bí,
a Rí na rún.

Treblait chorrach
– is maith in maín;
nos-coimsig dún
a Choimdiu baíd.

Ní ragba ar n-eill
deman dub doim;
i maig, i taig
non-gaib fot choim.

[MÍÓB, lch 44]

14. O beloved Lord

Composed by Maol Íosa Ó Brolcháin. Muireann Ní Bhrolcháin notes (MÍÓB: 37) that Maol Íosa frequently prayed that God would send pain and suffering to him. She makes the point that this was one of the more unusual aspects of his poetry. It must be presumed that Maol Íosa believed that the more he suffered in this life, the more he would gain as a result of it in the next, a common feature of the work of medieval Christian writers. Once again in this poem, we see Maol Íosa seeking God's help and protection. This is another prominent characteristic of his poetry.

O beloved Lord,
O King of Kings,
O dearest Father,
have pity on me.

Let us not carry to the world beyond
any sin with us,
let us not find over there
any pain ahead of us.

Tribulation which makes us clean
bestow on us,
O Son of the living God,
O King of mysteries.

Hard tribulation
– is a good gift;
prepare it for us,
O beloved Lord.

Let him not prevail over us
who is the dark wretched demon;
outside, inside,
bring us under your protection.

15. Ropo mían dom menmainse

Is é a shíl Gerard Murphy gur san 11ú haois a cumadh an dán seo, (EIL: 200). Níl ainm an fhile ar eolas againn. Léiríonn sé go soiléir sa dán gurb é a mhian toil Dé a dhéanamh chomh maith agus a thig leis, ach go bhfuil a shúile dírithe go huile is go hiomlán ar an saol atá le teacht. Is é an dualgas atá le comhlíonadh sa saol seo aige an fhoirfeacht a lorg i ngach gné dá bheatha féin: an urnaí, an léann, an obair, an chráifeacht agus an gheanmnaíocht. Is é a mhian a shaol a chaitheamh go maith agus an sprioc atá roimhe, imeacht as an saol seo isteach sa saol eile, áit a bhfuil "mian a mheanma" le baint amach.

Ropo mían dom menmainse
déchsain gnúise Dé.
Ropo mían dom menmainse
bithbetha 'ma-llé.

Ropo mían dom menmainse
léigenn lebrán léir.
Ropo mían dom menmainse
beith fo ríagail réil.

Ropo mían dom menmainse
reithine fri cách.
Ropo mían dom menmainse
búaid n-eiséirge íar mbráth.

Ropo mían dom menmainse
náemdacht chuirp co mbuaid.
Ropo mían dom menmainse
ingnais ifirn úair.

Ropo mían dom menmainse
aitreab ríchid réil.
Ropo mían dom menmainse
taitnem amail gréin.

Ropo mían dom menmainse
gnás do grés in Ríg.
Ropo mían dom menmainse
ilchíuil tre bith sír.

Ropo mían dom menmainse
ríachtain nime nél.
Ropo mían dom menmainse
tonna díana dér.

Ropo mían dom menmainse
déirge domhain ché.
Ropo mían dom menmainse
déchsain gnúise Dé.

[EIL, lch 58]

15. It were my mind's desire

Gerard Murphy was of the opinion that this poem was
composed in the 11th century, (EIL: 200). The poet's name
is unknown to us. He clearly indicates his intention to do
God's will in this life as best he can, but all the while his eyes
are fixed firmly on the life that is to come. He sees his role in
this world as that of striving for perfection in all aspects of
his life: prayer, learning, work, holiness and purity. His hope
is to live a good life and his goal is to pass from this life into
the next, where he will be at one with his "mind's desire".

It were my mind's desire
to behold the face of God.
It were my mind's desire
to live with Him eternally.

It were my mind's desire
to read books studiously.
It were my mind's desire
to live under a clear rule.

It were my mind's desire
to be cheerful towards all.
It were my mind's desire
to win the prize of resurrection after doom.

It were my mind's desire
to attain triumphant sanctity of body.
It were my mind's desire
to avoid cold Hell.

It were my mind's desire
to dwell in bright Paradise.
It were my mind's desire
to shine as shines the sun.

It were my mind's desire
to be for ever in the company of the King.
It were my mind's desire
to hear manifold melodies throughout the ages.

It were my mind's desire,
to reach cloudy Heaven.
It were my mind's desire
to shed vehement waves of tears.

It were my mind's desire
to forsake this world.
It were my mind's desire
to behold the face of God.

[Translation by Gerard Murphy, EIL, p. 59]

16. Mo labrad

Níl ainm an fhile a chum an dán seo ar eolas againn. Deir Murphy (EIL: 201) go bhféadfadh an dán féin bheith chomh luath leis an 12ú haois, ach go bhfuil an seans ann gur chomh déanach leis an 14ú nó an 15ú haois a scríobhadh é. Sa dán féin, iarrann an file ar Dhia gur ina sheirbhís siúd agus i seirbhís Neimhe a úsáidfidh sé bua na cainte i gcónaí.

Mo labrad,
rop tú molas cen mannrad:
rop tú charas mo chride,
a Rí nime ocus talman.

Mo labrad,
rop tú molas cen mannrad:
réidig, a Ruire roglan,
dam t'fhognam uile is t'adrad.

Mo labrad,
rop tú molas cen mannrad:
a Athair cacha baíde,
cluin mo laíde is mo labrad.

[EIL, lch 64]

16. My speech

The poet's name is unknown. Murphy (EIL: 201) stated that it may well belong to the 12th century but that it could have been composed as late as the 14th or 15th century. In it the poet appeals to God that he might always use his gift of speech in the service of God and Heaven.

My speech –
may it praise Thee without flaw:
may my heart love Thee,
King of Heaven and of earth.

My speech –
may it praise Thee without flaw:
make it easy for me, pure Lord,
to do Thee all service and to adore Thee.

My speech –
may it praise Thee without flaw:
O Father of all affection,
hear my poems and my speech.

[Translation by Gerard Murphy, EIL, p. 65]

17. Toil ind Ríg

Tá an dán seo le fáil i gcuid mhór lámhscríbhinní ach is é *Leabhar Laighean* an ceann is luaithe a bhfuil cóip de ann. Tá dhá rann as le fáil in *Codex Sancti Pauli*, a bhaineann leis an 9ú haois, áfach. Is cur síos an-soiléir é ábhar an dáin seo ar thuairim an fhile i dtaca le daoine a leanann reacht Dé go pointeáilte agus iad siúd a thugann droim leis. Tá contrárthacht láidir idir gile na teanga sna rainn sin a bhaineann le dea-thoradh na cráifeachta, agus doircheacht na teanga sna rainn a thagraíonn don té a thugann a chúl do Dhia. Déantar aird a tharraingt ar an gcontrárthacht seo tríd an mbabhtáil rann a úsáideann an file sa dán agus cruthaítear teannas agus aighneas sonrach dá bharr sin ann.

Is ór nglan, is ném im gréin,
is lestar n-arggit co fín,
is angel, is ecna nóeb
cech óen dogní toil ind Ríg.

Is én imma n-íada sás,
is náu tholl díant-eslind gúas,
is lestar fás, is crand crín
nád déni toil ind Ríg thúas.

Is cráeb chumra cona bláth,
is lestar is lán do mil,
is lia lógmar co mboil
dogní toil Maicc Dé do nim.

Is cnú cháech nád bí a mmaín,
is brénce brén, is crand crín,

133

is cráeb fhíadabla cen bláth
cách nád déni toil ind Ríg.

Dogní toil Maicc Dé do nim
is grían étrocht i mbí sam,
is airide Dé do nim,
is lestar nglainide nglan.

Is ech búada tar mag réid
fer adchosnai flaith Dé Móir,
is carpat fedar fo ríg
dobeir búaid a hallaib óir.

Is grían gures ríched nóeb
fer dían budech in Rí Mór,
is tempul sonaide sóer
is scrín nóeb conutaing ór.

Is altóir fors'ndáilter fín
imma canar ilar cór,
is cailech glanda co llind,
is findruine find, is ór.

[RU, lch 64]

17. The will of God

This poem is found in several manuscripts but the 12th century *Book of Leinster* contains the earliest complete version. Two verses may be found in the earlier *Codex Sancti Pauli*, which dates from the 9th century. The poem contains a very clear description of the poet's views about those who follow God's law completely, and those who turn their backs on it and him.

There is a stark contrast in the bright language used by the poet to describe the rewards of devotion to God and the darkness which he creates when he talks about those who turn away from God. The alternating verses help to heighten this contrast and create the distinct air of tension present in the poem.

> He is pure gold, he is the radiance of the sun,
> he is a silver vessel of wine,
> he is an angel, he is saints' wisdom
> each one who does the will of God.
>
> He is a bird about which closes a snare,
> he is a holed ship on the brink of disaster,
> he is an empty vessel, a withered tree
> each one who does not the will of God.
>
> He is a fragrant branch in bloom,
> he is a vessel filled with honey,
> he is a precious stone of fortune
> he who does the will of God's heavenly Son.
>
> He is a sinner in whom lies no worth,
> he is foul decay, a withered tree,
> he is wild apple branch which blossoms not,
> each one who does not the will of God.
>
> He who does the will of God's heavenly Son
> is a shining sun in summer,
> he is a dais of God in heaven,
> he is a vessel of pure crystal.

He is an outstanding steed on a flat plain
the one who strives for the kingdom of the Great God,
he is a chariot which carries the king
and gains victory with golden reins.

He is the sun which warms the hallowed heavens
the one to whom the Great King is grateful,
he is a blessed and eminent temple,
he is a holy shrine decorated with gold.

He is an altar from which wine is dispensed
and about which many chants are sung,
he is a pure chalice of wine
adorned with white bronze and gold.

18. Congair in uissi

Tá an leagan thíos den dán seo le fáil sa lámhscríbhinn *An Leabhar Breac*. Spreagann ceiliúr na fuiseoige an file chun a ghuí a dhéanamh níos dúthrachtaí ná roimhe. Is minic a shamhlaítear draíocht nó cumhacht osnádúrtha leis an éan i dtraidisiún na Gaeilge agus sa bhéaloideas i gcoitinne. Sa dán seo a leanas tá an fhuiseog ina ceangal, ar bhealach, idir an saol seo agus an saol eile.

> Congair in uissi éolach –
> téit neach immach dia fégad
> co n-accar an gin ginach
> túas for neam ninach nélach.
>
> Gébat-sa mo shalmu
> ar neam nóemdai ninach,
> dom díten cen anad,
> ar glanad mo chinad.

[RU, lch 72]

18. The lark sings

In the following poem, hearing the lark's song encourages the poet to pray more earnestly than ever. Birds are often associated with magical or supernatural powers in the Irish tradition and in folklore generally. Here the lark acts as a kind of link between this world and the one to come.

The knowing lark sings –
I go out to look at her
to see the gaping beak
high up in the bright clouds of heaven.

I will direct my psalms
towards the bright clouds of heaven,
for my unceasing protection,
and the cleansing of my sins.

An Ré Chlasaiceach

Classical Period

19. Déan oram trócaire, a Thríonnóid

Creidtear gur rugadh an file Giolla Brighde Mac Con Midhe in aice le hArd Sratha, Co. Thír Eoghain sa bhliain 1210. Meastar go minic é le file eile a mhair níos luaithe ná é, Giolla Brighde Albanach. B' fhile oifigiúil chlann Uí Ghairmleadhaigh é ach chum sé dánta ar iarratas ó thaoisigh eile na linne sin chomh maith. Phós sé agus bhí clann air, ach is cosúil go bhfuair siad go léir bás agus iad ina bpáistí. Is dá bharr sin a chum sé an dán seo a leanas. Dán cumhachtach agus thar a bheith pearsanta atá ann, mar sin, a áirítear i measc na ndánta is cáiliúla dá chuid.

> Déan oram trócaire, a Thríonnóid
> tug radharc i rosg an doill;
> féar tresan gcreig, a Dhé is doilghe –
> ná leigh mhé, a Choimdhe, gan chloinn.
>
> Cuire bláth tré bharr an fheadha,
> a Athair mhóir – mairg nach tuig;
> bláth tre bharr na gcrannsa, a Choimdhe,
> clann damhsa gár dhoilghe dhuid?
>
> Dair don dearcain, déas don fhoichnín,
> ní husa ná an chlann ad-chiad,
> fochan tana ag teachta a gráinne;
> fearta glana áilne iad.
>
> Bradán as gach bailg don iuchraidh,
> éan a huigh – ní hinn nach tuig –
> agus call tresan gcnaoi, a Choimdhe,
> clann dár mnaoi gér dhoilghe dhuid?

Tugais dom chealgadh cloinn álainn,
d'fhaigsin a mbláith, beag an phoinn;
trócaire, a Dhé, déana oirne,
féagha mé, a Choimdhe, gan chloinn.

Láithreach folamh ag fear fheadhma
gan éinghin chloinne is creach mhór;
tabhair giodh aonduine im ionadh,
a naomMuire iodhan ógh.

Dream gan iarmairt, giodh aos conáigh,
ní cluintear acht an gcéin bhíd;
giodh caomh é áilne gan sholadh
gráinne is é gan toradh tríd.

Ní fhuil ann mar ifearn bunaidh
acht bheith gan chloinn – cia nach smuain?
líog lom idir fádaibh fiadhghuirt
drong nach fágaibh iarmuirt uaibh.

A Thríonnóid is a Thrí Mhuire,
nár múchtar láithreach mo lis;
neamh ré gach n-itche is é is toghtha,
a shé litre fromhtha fis.

A Dhúileamhain, déach ar mh'éigean,
a Fhir théachtas tonna an chuain;
fóir, a Rí thuileas is thráigheas,
an ní chuireas mh'áineas uaim.

A Thríonnóid, tara dom fhurtacht,
a Eo fis ar nách fuil ball;
i dtoirchim ní coimse, a Choimdhe,
soillse oimchinn choinnle ar gclann.

Dias inn gan aonduine cloinne
ag casaoid riot, a Rí na naomh;
go dtí do chridhe ar ar gcloinn-ne,
a Rí nimhe, is oirne ar-aon.

Cuir im láithreach, a Fhlaith nimhe,
neach dom chloinn bhus cubhaidh ris,
a Chnú bheo ris nár bhean críne,
a Threabh na n-eo bhfíre fis.

Rugais, a Choimsidh na cruinne,
mo chlann uaim is iad 'na nús;
buaidh gcloinne ar fhear do budh usa –
neamh do-roinne tusa ar tús.

An talamh is tú do chruthaigh
idir chloich gcruaidh is chriaidh mbuig;
ní lugha a fheidhm, ní mó a mhonar,
dheilbh na gcnó ná an domhan duid.

Tú do chum do chriaidh is d'uisge
Ádhamh gan lus, gan linn táith;
Eabha as a thaoibh réidh do-roighnis
do bhéin, a Shaoir choimhdheis cháich.

Tú tánaig fad toircheas buadha
i mbroinn ríoghna i ráith na ndíog;
ar phéin gur fhóiris na huile
do-róinis féin duine dhíod.

Tú do-rad dár gcionn an cholann
i gcloich nduaibhsigh – dáil gan cheilg;
tú do-chuaidh san gcroich dár gcobhair,
fa chloich in uaimh dhomhain deirg.

Tú do airg ar n-éirghe as talmhain
teach ifrinn fa huathmhar gné;
(leigheas do chrú don fhuil easláin)
tú do shuidh ar dheasláimh Dé.

Clár na talmhan is tú loisgfeas
go mba luaithreach gach leac bhláith;
a Shlat is mhó cnú sa choille,
is tú do-ró i gcoinne cháich.

Tú bhias isan bheathaidh shuthain,
a Shaoir cháigh ar nach fuil feidhm;
leathan do líon, a mheic Mhuire;
gá bríogh dheit duine do dheilbh?

Tú an saor gan saothar, gan obair,
a Fhir dhírgheas gach dáil choim;
nír usa a mbreith mar cheo choinnle
ná beith beo, a Choimdhe, dár gcloinn.

Nochar usa an oidhche dhorcha
dealaighthear leat 's an lá glan;
gár dhoilghe ioná dall go súileach
clann, a Choimdhe dúileach, dhamh?

Sneachta is grian, a Íosa, in aonló
nír usa dhuit ioná ar nduas;
falach na criadh fúinn is fearta
gur shúidh grian an sneachta suas.

A Rí an ríghthigh, rugais mh'aonmhac;
nárbh oircheas dhuit féachaidh féin:
do sháithis dealg ar fhud mh'anma,
a Cheard tug gabhla fan ngréin.

Dearchaoineadh fa dhul a gcloinne
cúich do dhligh, a Dhearc mar rós?
liom gé madh maith an cor chuinghim,
más maith a ndol, fuilngim fós.

Mo dhá itche, a Ardrí nimhe,
neamh an chéidní chuingheas mé;
madh áil lat is lór a rádha:
mac i lógh mo dhána, a Dhé.

Faghaidh dhamh, a Mhuire mháthair,
mac ré ndul don domhan ché;
im chrú nochar fhuirigh aonarc,
a bhrú ar dhuinigh daonnacht Dé.

Guidh leam clann do bheith 'na mbeathaidh,
a Bhrighid ór baisteadh mé;
ná léig t'fhear dána fa dhímheas,
a bhean ghrádha dhíleas Dé.

[PGB, lch 214]

19. Have mercy upon me, O Trinity

The poet, Giolla Brighde Mac Con Midhe, was born in or
near Ardstraw in Co. Tyrone in 1210. He is often confused
with an earlier 13th-century poet, Giolla Brighde Albanach.
He was the official poet of the O'Gormley clan although he
composed poetry for other chieftains of his time. He married
and had children but they all died in childhood, hence the
reason for the composition of the following poem. It is a very
powerful and personal piece on account of that, and ranks
among his more famous works.

Have mercy upon me, O Trinity
who brought sight to the eye of the blind man;
to make grass grow through the rock is more difficult, O
    God –
do not, O Creator, allow me to be without children.

You put blossom through the top of the tree,
O great Father (unhappy the man who does not
    understand);
how could it be harder for you to give me children
than to bring blossom through the top of these same
    trees, O Creator?

145

An oak-tree from an acorn, an ear of corn from the
    young blade,
a slender, young blade of corn coming from a grain
(they are bright, beautiful miracles) are not easier for
    you
than to grant the children that see them.

A salmon from every roecorn,
a bird from an egg (it is not I that does not understand)
and hazel-nuts through the nutshell;
how would it be more difficult to you, O Creator,
    to grant children to my wife?

You gave me beautiful children to deceive me,
to see them flourish – little the profit;
have mercy upon me, O God;
behold me, O Lord, without children.

An empty household for an active man
without a single off-spring of children is a great woe;
give me even a single child in my house,
O holy Mary, O pure virgin.

Folk without progeny, though they are prosperous
    people,
are not heard of except as long as they live;
though beauty without good fortune is fine,
it is a grain of seed with no fruit through it.

There is no lasting hell
except being childless – who does not consider it? –
the people who leave behind no children you gave,
are like a bare stone among the grass of a wasteland.

O Trinity, O three Maries,
let not the hearth of my house be extinguished;
give me heaven before every request since it is to be
    preferred,
O six proving letters of knowledge.

O Creator, you who freeze the waves of the sea,
look upon my sorry plight;
O king who floods and ebbs,
put to right the matter that keeps my joy from me.

O Trinity, come to my assistance,
O salmon of knowledge upon whom there is no spot;
not fitting in slumber, O Creator,
are my children like the lights of a candle's aura.

We are a pair complaining to you
because we are without a single child, O king of the
    saints;
may your love touch our children,
O king of heaven, and us as well.

Put into my home, O Lord of heaven,
anyone suitable for it to be my child,
O living nut whom decay has not touched,
O dwelling of the true salmon of knowledge.

You took, O master of the universe,
my children from me while they drank their first milk;
the ability to produce children would be easier for
    someone –
you made heaven first.

It was you that created the world,
both hard rock and soft earth;
not less your power, no greater your difficulty
in shaping nuts or making the world.

You created without straw, without welding-liquid
Adam from earth and water;
you made, O expert craftsman of all, Eve
by plucking her from his smooth side.

You came at your mighty conception
into the womb of a maiden in the rath of the ditches;
in order to save everyone from torment
you yourself made a human of yourself.

It was you who on our behalf gave your body
into a gloomy rock – a matter without deceit –
it was you who went onto the cross to save us
and into the rock of the deep, dark cave.

You it was after rising in the earth that plundered
the house of hell of appalling aspect;
(your blood is healing for sick blood)
you sat upon the right hand of God.

It is you that will burn the level expanse of the earth
so that every smooth stone will be turned to ashes;
O branch of all the wood most plentiful in nuts,
it is you that will come to meet every man.

You will be in eternal life,
O craftsman of all who needs nothing;
wide is your net, O son of Mary;
what effort is it to you to shape a human?

You are the wright that knows no toil nor labour,
O you who make straight every crooked matter;
it was not easier to snuff them out like a candle-flame,
O Creator, than to let my children live.

No easier was it to make the dark night
which you divide from the bright day;
how would it be harder than to give the blind man
    sight,
to give me children, O Creator of the elements?

Not easier to you, O Jesus, was it to bring snow and sun
in one day than to give me my reward;
to cover the ground under us
so that the sun could suck up the snow is a miracle.

O king of heaven, you took my only son;
see yourself that it was not fitting for you;
you thrust a dart right across my heart,
O craftsman who put props under the sun.

Who are entitled to lament the death of their children,
O visage like the rose?
Though the request I seek be a good one,
if their death is a good thing, I suffer still.

Of my two requests, O king of heaven,
heaven is the first thing I ask;

if you desire it, you need merely say it:
That I should have a son, O God, as a reward for my
poem.

Get for me, O mother Mary,
a son before I depart this world;
O womb in which the manhood of God became flesh,
no young one has stayed in my house.

Pray for me, O Bridget after whom I was baptized,
that my children should live;
do not let your poet into disrespect,
O faithful sweetheart of God.

[Translation by Nicholas J. A. Williams, PGB, p. 215]

20. Truagh mo thuras go Loch Dearg

Is mar fhile cráifeach is mó atá clú agus cáil ar Dhonnchadh Mór Ó Dálaigh a fuair bás sa bhliain 1244. Cé go bhfuil corpas mór dánta luaite leis, ní ghlactar gur leis féin gach uile cheann acu. Ceaptar go raibh léann an bhaird agus an mhanachais araon air, agus is cinnte gurb í an fhilíocht dhiaga is mó a shaothraigh sé. Is beag a mhaireann de na dánta saolta a scríobh sé ach tá an caoineadh a chum sé nuair a chaill sé a mhac Aonghus ('Ar Iasacht Fhuaras Aonghus'), ar cheann de na cinn is aithnidiúla dá bhfuil ann. Tá an-eolas ag daoine ar an dán thíos chomh maith, ar achainí mhór é ar mhaithiúnas Dé agus an file féin ar oilithreacht go Purgadóir Phádraig i gCo. Dhún na nGall.

Truagh mo thuras go Loch Dearg
a Rí na gceall is na gclog,
ag caoineadh Do chneadh is Do chréacht,
's nach bhfaghaim déar as mo rosc.

Le súile gan fliuchadh ruisc
iar ndéanamh gach uilc dar fhéad,
le croidhe nach n-iarrann acht síth,
mo thruagh, a Rí, créad do-ghéan?

Gan tuirse croidhe, gan mhaoith,
gan doilgheas ag caoi mo locht;
níor shaoil Pádraig, ceann na gcliar,
go bhfuigheadh sé Dia mar so.

AonMhac Calprainn ós dá luadh –
och, a Mhuire, is truagh mo chor! –

's nach bhfacthas an feadh do bhí beo
gan lorg na ndeor ar a rosc.

I gcarcair chumhang chruaidh chloch,
d'éis a ndearnas d'olc is d'uaill,
och, is truagh nach bhfaghaim deor,
is mé adhlaicthe beo san uaimh.

Gan éadach, ar bheagán bídh,
a cholann do-ní gach olc,
go hifreann má tá do thriall
is beag liom do phian a-nocht.

Beidh gártha troma Lá an Luain
againn idir thuaith is chléir;
an deor nach bhfaghthar in am
uirthi thall ní bhfaghfar feidhm.

Beir do rogha, a cholann chríon,
tríd ar céasadh Críost i gcrann,
deor aithrighe is bheith ag Dia
nó bheith a dtigh na bpian thall.

A AonMhic Mhuire ler cumadh cách,
's do sheachain bás na dtrí ndealg,
le croidhe nach cruaidhe cloch,
truagh mo thuras go Loch Dearg.

[DPD, lch 26]

20. In vain was my pilgrimage to Lough Derg

Donnchadh Mór Ó Dálaigh, who died in 1244, is most famous as a religious poet. Although a significant corpus of poetry is attributed to him, not all of it can be ascribed to him with certainty. He is believed to have had training in both the bardic and monastic schools, and there is no doubt that the bulk of his output was religious in nature. Very little of his secular work survives and of these, his lament on the death of his son Aonghus, *Ar Iasacht Fhuaras Aonghus* ('On Loan did I Receive Aonghus') is probably the most impressive. The poem below is also very well known, however, and is a great plea for God's forgiveness from the penitential purgatory of Lough Derg in Co. Donegal.

> In vain was my pilgrimage to Lough Derg,
> O King of the cells and the bells,
> mourning Your wounds and Your hurts,
> yet shedding no tear from my eye.
>
> With eyes not wetted by tears,
> having done all the harm that I could,
> with a heart that seeks nothing but peace,
> alas, O King, what shall I do?
>
> Without contrite heart, without emotion,
> without penitence do I lament my faults.
> Patrick, chief of the clergy, never thought
> that he would find God like this.
>
> Calpurnius's only son, since I mention him –
> O Mary, sad is my plight –

was never seen during his lifetime
without the track of tears from his eyes.

In a narrow, hard, stone cell
after all my wrong-doing and arrogance,
alas, sad that I find no tear,
buried alive in this cave.

Without clothing, with little food,
O flesh that has done all this harm,
if it is towards hell your path lies,
I feel little for your pain tonight.

Great howls on the Day of Judgement
shall we all make, both laity and clergy,
and the tear not shed in time
will be of no use in the next life.

Make your choice, O wasted body,
for which Christ was crucified on a tree,
to shed a contrite tear and be with God
or to spend the next life in the house of pain.

O only Son of Mary, by whom all things were created,
and who cheated the death of the three nails,
with a heart no harder than stone
in vain was my pilgrimage to Lough Derg.

21. Fuaras mian

Donnchadh Mór Ó Dálaigh a chum. Dán eile cáiliúil é seo ina gcuireann an file síos ar Dhia amhail is gur pátrún nó taoiseach é, ach go dtugann sé le fios nach bhfuil rí, pátrún, nó taoiseach is cineálta, is flaithiúla nó is mó ann ná Dia é féin. Tarraingítear comparáid idir an gaol a bhíodh idir an bard agus a thaoiseach sa dán agus an gaol a shíleann Ó Dálaigh ba chóir a bheith idir an file agus Dia.

Fuaras mian, ón, fuaras mian,
rí saidhbhir agus é fial,
file mise ag iarraidh grás
mar dhleaghthair gach dámh do riar.

Fuaras neart, ón, fuaras neart,
rí láidir agus é ceart,
rí éisdeas bille na mbocht,
rí nach olc do-rinne a reacht.

Mo rí mór, ón, mo rí mór,
rí nach cuireann suim i stór;
ag so an rí dhíolas gach neach
don uile, idir bheag is mór.

Mo rí féin, ón, mo rí féin,
rí nach diúltann neach fán ngréin;
ós é as fhearr dhíolas mo dhán,
molfad tar cách mo rí féin.

Leigeam dóibh, ón, léigeam dóibh,
táinte slóigh an bheatha bhuain;
molaim feasda rí na ríogh,
is é Críost as fhearr fa dhuain.

Míchéal maor, ón, Míchéal maor,
nar leig mé as an raon riamh,
molfaidh mise aingeal Dé
ós dó féin fuaras mo mhian.

[DD, lch 86]

21. I found my desire

Composed by Donnchadh Mór Ó Dálaigh. This is another well-known poem of Ó Dálaigh's in which he speaks of God as if he were a patron or chieftain, except that he shows clearly that in his view there is no kinder, more generous or greater king, patron or chieftain than God himself. The comparison is drawn in the poem between the relationship which existed between the bard and his chieftain when describing the kind of relationship the poet sees himself as having with God.

I found my desire, yea, I found my desire,
a king rich and generous,
I am a poet seeking graces
as all poets are entitled to demand.

I found strength, yea, I found strength,
a king strong and just,
a king who hearkens to the need of the poor
a king who makes not his laws poorly.

My great king, yea, my great king,
a king who has no interest in wealth.
This is the king who pays each one his due
to all, both little and great.

My own king, yea, my own king,
a king who refuses no-one under the sun.
As it is he who best pays for my art,
I will praise above all my own king.

Let them be, yea, let them be,
the riches of the host of eternal life.
I shall evermore praise the king of kings,
it is Christ who is best for poetry.

Michael guide, yea, Michael guide,
let me never stray from the path.
I will praise the angel of God
as it is for him alone I found my desire.

22. Osgail romham, a Pheadair

Cé nach bhfuiltear cinnte cé a chum an dán seo, tugann T. F. O'Rahilly le fios (MD: 230) go luaitear Donnchadh Mór Ó Dálaigh leis sa dá lámhscríbhinn a d'úsáid sé lena eagrán féin den dán a chur i gcló. Is i bhfoirm iarratais ar Naomh Peadar mar dhoirseoir Neimhe atá an dán seo. Tá súil ag an bhfile go scaoilfear isteach ar Neamh é, cé go bhfuil sé ag streachailt le cathú ón saol, ón gcolainn agus ón diabhal. Feictear an Mhaighdean Mhuire mar idirghabhálaí idir an duine agus Dia arís sa véarsa deireanach.

Osgail romham, a Pheadair,
ós díot dleaghair a dhéanamh;
isteach nó go dtí an chalann,
léig an t-anam 'na éanar.

Dá bhféadainn dol don tigh-sin,
léig an tslighe dom chomas;
atáid anois re tamall,
triar dom tharrang ón doras.

Is don triar-san an diabhal,
agus miana na colla,
is an saoghal dár lingeadh;
a Dhé, go gcinnear orra!

Ón triúr atá dom fheitheamh
ní leam teitheamh ná foras;
ní husa d'fhior gan éideadh
dul ar éigean san doras.

Osgail, a Mhuire Mháthar,
freagair láthar mo chosgair;
dá raibh Peadar go feochair,
gabh an eochair is osgail!

[MD, lch 190]

22. Open up for me, O Peter

Although there is uncertainty regarding the authorship of this poem, T. F. O'Rahilly (MD: 230) notes that in the two manuscripts he used to produce his edition of the poem, it is ascribed to Donnchadh Mór Ó Dálaigh. The poem is in the form of an appeal to St. Peter, the porter of Heaven, to allow him admission into Paradise, even though he struggles in this life with the temptations of the world, the flesh and the devil. The Virgin Mary is again seen in her traditional role of mediatrix between God and humankind in the final verse.

Open up for me, O Peter,
since it is you who are entitled so to do;
until the time the body follows,
allow the soul in on its own.

If only I could go to that house,
let the way lie within my power,
because for some time now there have been
three who are dragging me from the door.

Among those three are the devil,
the desires of the flesh,
and the world pouncing on me;
O God, may I overcome them.

From these three who wait for me
I can neither flee nor stand against them;
it is no easier for a man unarmed
to take the door by force.

Open, O Mother Mary,
answer me, I implore;
if Peter is angry,
take the key and open.

23. Maith agus maithfidhir duid

Ba mhac le Conn Crosach Ó hUiginn é Pilib Bocht Ó hUiginn agus fuair sé bás sa bhliain 1487. Ba bhráthair in Ord na bProinsiasach é agus chum sé go leor dánta cráifeacha. Sa dán seo a leanas, tá an file ag caint faoin tslí nach féidir le duine maithiúnas a fháil mura bhfuil sé sásta maithiúnas a thabhairt uaidh. Is geall le seanmóir ar an téama an dán seo, agus mar théacs inspioráide ag an bhfile tá an líne cháiliúil a deir Críost sna Soiscéil (Lúc. 6:37, Matha 7:1): "Ná tugaigí breith, agus ní thabharfar breith oraibh; ná daoraigí aon duine, agus ní dhaorfar sibhse; tugaigí maithiúnas, agus maithfear daoibh."

Maith agus maithfidhir duid
mac Dé dá ndearnais námhuid
íoc do cheana dhíot dlighidh
dá leana íoc th'aindlighidh.

Comhall na haithne más áil
an ní bhus éigin d'fhagháil
dá sire th'easgcara ort
dlighe a easbhadha d'fhurtocht.

Nach tuillid i n-éinfheacht ann
ciall an teadhma atá romhan
ní bhí an cridhe 'n-a dhá chuid
rí nimhe agus a námhuid.

Do bhéara dhuit a dhuine
tighearna na trócuire
má tá riom t'fhíoch nó t'fhala
síoth do chionn mo charthana.

Ní fhéadfadh th'aingeal feithmhe
cosg t'fheirge ná t'innighthe
lámh muna chuire re a gcosg
a dhuine a-tám do theagosg.

Do gheobhainn ó Dhia na ndúl
i n-éaraic m'fheirge d'iompúdh
leam do chongnamh [a] chroidhe
connradh teann an trócoire.

Munar mhaith duine a dhiomdha
ar teagasg an tighearna
do dhuine dá ghlúinibh gaoil
guidhe an Dúilimh is díomhaoin.

Do bhí ní beag an mealladh
san chéadaois do chaitheamar
an anumhla gur mheall mé
ceann m'aradhna gun óige.

Ní dhéanann an té rem thaoibh
dá mbeadh go dtuillfeadh tathaoir
adbhar náire budh léir linn,
mo sgáile féin dá bhfaicinn.

Gémadh goirthe díoghbháil dé
tadhall fuatha nó feirge
dom anmain ní hé budh dhíoth
achd mé d'anmhain san eissíoth.

Íosa Críosd cara na mbocht
go dtí dhé ar ndul i n-umhlocht
ós é as mheirge díona dhamh
díogha gach feirge an t-uabhar.

An seabhac uasal aille
ní thiocfa ar cuairt chugainne
gé do bheath ar bruach an nid
an fuath is-teach mar tháinig.

Ar a bheith dhúinn 'n-a dhalta
cuireadh do dhruim dúthrachta
m'fhear cogaidh as an gcroidhe
sreabh tobair na trócoire.

An fhuil do cuireadh fan gcrann
sruth ionnalta na n-anam
neach nachar nigh guin a gha
ní fhuil fa nimh achd námha.

Do chaithfinn dom fheitheamh air
is nach bí im chionn cúis baoghail
achd faltanas cneidhe an chígh
lagthomhas meidhe Míchíl.

Luach a umhlachta ó Dhia dhúnn
faghadh oide an uird Mionúr
go dturna a fhíoch 's a fhala
a síoth umhla an éarlamha. Maith.

[PBU, lch 72]

23. Give pardon and thou shalt get it

Pilib Bocht Ó hUiginn was the son of Conn Crosach Ó hUiginn and he died in 1487. He was a brother of the Franciscan Order and he composed a large collection of religious poetry. In the following poem the poet speaks about forgiveness and how those do not practise this virtue cannot themselves expect to receive it. The poem is almost a sermon on forgiveness, the textual inspiration for which may be found in the line in the Gospels (Luke 6:37, Matt. 7:1) where Christ states: "Judge not, and you yourselves shall not be judged; condemn not, and you shall not be condemned; forgive, and you yourselves shall be forgiven."

Give pardon and thou shalt get it;
Christ made a foe by thee,
demands that, if thou wouldst have requital for offence
    to thee,
thou must requite offence given by thee.

If thou wilt keep the Commandment,
thou must relieve
thy foe's distress
if he asks what he needs.

The strait I am in is this;
God and His foe
can not both find place in a heart;
it is not made in two parts.

If, my friend,
thou art wroth with me or hatest me,

Mercy's Lord will forgive thee
only when thou lovest me.

Remember this,
thou whom I now advise,
even thy Guardian Angel can not stay thy anger or
    malice
unless thou help him to check them.

In return for curbing my anger,
I shall get from God
His love as help;
mercy is a firm contract.

Unless a man forget
his wrath with his brother,
'tis vain to pray to God;
so says the Lord's teaching.

In early days
youthful spirit held my bridle,
so that pride led me astray –
great deception!

My reason for shame would be clear
did I see my own image;
my neighbour – though he too may be faulty –
does not cause it (my shame).

A passing fit of anger or hate,
though called imperfection,
will not harm my soul,
but only my abiding in rebellious mood.

May Christ, friend of the poor,
give me to grow in humility;
He is my sheltering banner;
pride is the worst form of passion.

The noble cliff-hawk
will not enter in to visit me –
even when He has come to the nest's edge –
if hate has entered before Him.

May Christ, stream from mercy's well,
carefully drive
my foe from my heart,
for He is my foster-brother.

The blood shed on the Cross
is the cleansing stream of souls;
there is none neath Heaven – save Devil –
whom His lance-wound cleansed not.

As nothing else
but the wrath of Christ's wound need be feared,
I require – so as to be safe against this –
to have weak measure (of sin) in Michael's scales.

May the Master of the Order of Minors win for me
from God his humility's reward;
may God's anger and hatred abate
owing to the appeasing power of his humility.

[Translation by Lambert McKenna, PBU, p.171]

24. Laethanta na seachtaine

Ba mhac le hAmhlaoibh Ó Dálaigh é Aonghus Fionn Ó Dálaigh agus is thart ar an mbliain 1590 a bhí sé ag saothrú. Tugadh Aonghus na Diagachta mar leasainm air, as siocair líon na ndánta cráifeacha a chum sé. As an 55 dán a luaitear leis, baineann 51 acu le téamaí cráifeacha. Baineann trian acu sin leis an Maighdean Bheannaithe. Bhí bardscoil i nDúthalamh i gCo. Chorcaí aige. Sa dán seo, tá smaoineamh an-simplí á chur chun cinn aige. Tá achainí aige ar Dhia do gach uile lá sa tseachtain. Tá dhá ghné ag baint leis an smaoineamh seo: (i) gur fiú don duine cuimhneamh ar Dhia agus ar Chríost gach uile lá sa tseachtain agus (ii) go bhfuil cuidiú agus cumhdach Dé ag teastáil uainn gan stad gan staonadh ar an saol seo.

Déine a Chríosd mo choimhéad
cur red chlú ní chuala
fam thaobh is tráth síodha
a chraobh go mbláth mbuadha!

A leinbh do bhí i mBeithle
bhíos ós chách id chodhnach
ná bí díom go diomdhach
bí dom dhíon san Domhnach!

Dia Luain lá na coinne
cóir mo bhuain a baoghal
a rí tar fheirg [t'áladh]
bí ag seilg ar ar saoradh!

Dia Máirt a [mheic] ghrádha
nar ghabh guais re [n]gonaibh
gér gnáth gach rí [romhaibh]
bí tar chách im chobhair!

Fóir mo chás sa Chéad-aoin
ná ceil oram t'fhiortha
maith dún fhuil an ochta
cuir ar gcúl mo chionta.

Dardaoin a Dhé Athar
ní hoircheas ar n-éara
led dhíol as tuar tnúdha
bual ar ar síodh séala.

Bí ar mo thaobh a Thríonóid
ós tú tóir an taoibhe
cóir nach [oighbhe] uainne
fóir oirne san Aoine.

Dia Sathairn saor mise,
mó an ghuaiseacht óm ghníomhaibh
ná hiarr cóir id chánaigh
dóigh riamh ar na ríoghaibh.

Fóir mé, a Mhic an Athar,
a aoin-Mhic as airde
dod ghuin go bhfáth feirge
ar chách ná cuir cairde.

[DAFD, lch 4]

168

24. The days of the week

Aonghus Fionn Ó Dálaigh was the son of Amhlaoibh Ó Dálaigh and although his biographical details are obscure, he was active around the year 1590. He was nicknamed *Aonghus na Diagachta* ('Aonghus of the Divinity') on account of the number of religious poems ascribed to him. Of the 55 poems in total, 51 have religious themes. Of these 51, approximately one third deal with the Virgin Mary. He had a school of poetry in Duhallow in Co. Cork. In the poem which follows a very simple idea is put forward. The poet has an invocation to God for each day of the week. There are two important aspects to this idea: (i) that the one who strives for holiness should think about God and Jesus every day of the week and (ii) that we are always in need of God's help and protection in our lives in this world.

> Guard me, O Christ!
> The like of Thy glory I have never heard!
> 'Tis time for peace with me,
> O branch of precious blossom!
>
> Child who wert in Bethlehem,
> and who art Lord of all,
> be not wrath with me!
> Be my guard each Sunday!
>
> On Monday, the Assembly-day,
> Thou must save me from peril!
> O King, spite of the anger caused by Thy wounds,
> Be urgent to save me!

On Tuesday, O dear Son,
who shrunk not from wounds,
though other kings be before Thee (in honour),
do Thou come to my help!

Support my cause on Wednesday!
Deny me not Thy wonders.
Pardon me Thy breast's blood!
Blot out my sins!

On Thursday, O God the Father,
it beseems not to deny me!
By Thy merits which stir my love,
put a seal upon my peace!

Stand by me, O Trinity!
Thou art the stay of Thy people!
That Thou mayest not exact full justice
help me on Friday!

On Saturday save me!
Great the peril from my deeds!
Ask not – a thing ever expected of kings –
the fullness of Thy tribute!

Help me, Son of the Father,
only Son most high!
Though wounded and given cause for wrath,
put not off the pardon of the world!

[Translation by Lambert McKenna, DAFD, p. 4]

25. Fáilte ród, a Rí na nAingeal

Sa chéad dán eile seo le hAonghus Fionn Ó Dálaigh, atá an-cháiliúil mar iomann Comaoineach Gaeilge sa tír seo, fearann an file fáilte mhór roimh ionchollú Chríost mar dhuine, agus i gcruth na habhlainne coisreactha san Eocairist. Molann an file an Mhaighdean Mhuire fosta as an ról a bhí aicise Dia a thabhairt isteach sa domhan seo i bpearsa Íosa Críost, Slánaitheoir an chine dhaonna.

> Fáilte ród a Rí na n-aingeal
> d'éis do chaithte a chuirp an Ríogh.
> Ag so an chlí nach cóir dod ghuidhe,
> fóir a Rí gach nduine díon.
>
> Dia do bheatha a abhlainn uasal
> a Íosa Chríosd a chroth shoirbh.
> Dia do bheatha a bhláth an fhaoiligh,
> gnáth beatha gach aoinfhir oirbh.
>
> Dia do bheatha a bhláth an lile,
> A leinbh óig as ársaidh aois.
> Dia do bheatha a chnú mo chroidhe,
> is tú an bheatha [as ghloine gaois].
>
> Dia do bheatha a oighre an aird-ríogh,
> do airg Iofarnn uaimh na locht.
> Dia do bheatha a chlí dar gcabhair,
> a Rí an bheatha i n-aghaidh m'olc.

Tugadh duit a inghean Anna,
D'fhuighlibh aingil aobhdha an glór.
Rí an bheatha 'na Dhia 's na dhuine.
Dia do bheatha a Mhuire mhór.

Dia do bheatha a aingil uasail,
ainigh mise a mhaoir an Ríogh.
Bíom id rann i rí-thír nimhe,
rann [a] Mhíchíl dlighe díom.

[DAFD, lch 17]

25. Welcome to Thee, Angels' King

In this next poem by Aonghus Fionn Ó Dálaigh, which has
become very popular as a Communion hymn in Irish, the
poet welcomes Christ's incarnation in human form and in
the form of the consecrated host in the Eucharist. The poet
also praises Mary's role in helping to bring about the entrance
of God into this world in the person of Jesus Christ, the
Saviour of humankind.

Welcome to Thee, angels' King!
O Body of the Lord whom I have received!
Behold my evil heart entreating Thee!
Help us all, O King!

Welcome! O noble Host!
Jesus Christ of gracious mien!
Hail, flower of Spring (?),
the sustenance of all depends on Thee!

Welcome O lily-bloom!
Young child, yet ever old!
Hail, Thou kernel of my heart.
Thou art the life of purest wisdom!

Welcome, Heir of the High-King,
who didst plunder Hell, the den of sins!
Hail heart to help me against my miseries!
King of life!

O daughter of Anne,
at the angel's words – glorious that message! –
the World's King, God and man,
was given thee! Hail, great Mary!

Hail, noble angel,
Steward of the King, protect me!
May I be of thy company in Heaven's royal land!
A verse from me is thy due, O Michael!

[Translation by Lambert McKenna, DAFD, p. 17]

26. A shaoghail, ón, a shaoghail

Bhí an file, Fear Feasa Ó'n Cháinte, i mbarr a réime timpeall na bliana 1600. Bhain sé le Co. Chorcaí agus bhí muintir Mhic Cárthaigh agus Uí Chaoimh mar phátrúin aige. Léiríonn go leor dá chuid dánta na hathruithe sóisialta a bhí ar siúl le linn na tréimhse sin in Éirinn – céim síos na bhfilí, cailleadh na pátrúnachta agus an neamhaird a bhí á léiriú ag an bpobal ar an bhfilíocht chlasaiceach. Sa dán cráifeach seo, áfach, is ar an domhan seo a dhíríonn Ó'n Cháinte a aird. Tugann sé tréithe pearsan don domhan agus labhraíonn leis mar dhuine cealgach, mealltach, bréagach, cleasach atá ag iarraidh an file a choinneáil scartha óna Dhia agus ó luach a shaothair ar Neamh.

A shaoghail, ón, a shaoghail,
ó 'd-chím do dhoirse baoghail
ar ndéanamh cruidh is ciste
nár meallar mise a shaoghail.

A bhréagaigh, ón, a bhréagaigh
gidh sáimhe bheith dot fhéagain
is [tusa] an mheirdreach mheangach
mairg do mhealladh led bhréagaibh.

A mheangaigh, ón, a mheangaigh,
gidh lór feabhas do gheallaidh,
ar Dhia nár dhearnar m'aimhleas
ar shaidhbhreas óir ná eallaigh.

A chealgaigh, ón, a chealgaigh,
gidh ait le cách do leanmhain,

is tusa an sgáthán bréige;
do thréidhe is mairg do mheabhruigh.

A chleasaigh, ón, a chleasaigh,
gion go bhfuilingim t'easbhaidh
is lámh fa chraoibh nach croman
bheith red chumann, a chleasaigh.

A bhrionnaigh, ón, a bhrionnaigh
do-ní cumann an tsionnaigh,
uaitse gach olc do mhéaduigh
a shaoghail bhréagaigh bhrionnaigh.

A mheabhlaigh, ón, a mheabhlaigh
do thréidhe is mairg do mheabhruigh
go bráth mise nár meallair,
a shaoghail mheangaigh mheabhlaigh.

A lúbaigh, ón, a lúbaigh,
gidh tearc duitse nar umhluigh
ó Dhia ghlórmhar níor gealladh
nach meallfar fear do chumhdaigh.

A bhaoghlaigh, ón, a bhaoghlaigh,
do chor-sa is adhbhar aonaigh
ó taoi go cealgach umam
as do chumann, a shaoghail.

[DD, lch 14]

26. O world, yea, O world

The poet, Fear Feasa Ó'n Cháinte, flourished around the year 1600. He was born and lived in Co. Cork and enjoyed the patronage of the MacCarthy and O'Keeffe families. Much of his poetry acts as a commentary on the social changes which were taking place during that period in Ireland – the loss by the poets of their traditional status, the decline in the practice of patronage and the increasing general indifference to the art of the classical poets among the ordinary people. In the following religious poem, though, Ó'n Cháinte turns his attention to the world around him. He bestows human traits on it and refers to it as a wily, tempting, false, and treacherous person determined to keep him separated from God and from his eternal reward in Heaven.

O world, yea, O world,
I see your perilous doors.
Regarding the gathering of property and wealth,
let you not beguile me, O world.

O false one, yea, O false one,
though it be pleasant to look upon you,
you are a crafty temptress.
Alas for him who is wooed by your falsehood.

O crafty one, yea, O crafty one,
though adequate the excellence of your promise,
for God's sake may I not make my downfall
for the sake of golden riches or chattels.

O deceitful one, yea, O deceitful one,
though pleasant it is for many to follow you,
you are a false mirror.
Great woe results from pondering your traits.

O wily one, yea, O wily one,
though I may suffer for want of you,
it is to be a hand under a branch which bends not,
to be in your company, O wily one.

O cunning one, yea, O cunning one,
who keeps company with the fox,
because of you has every evil increased,
O false, cunning world.

O treacherous one, yea, O treacherous one,
great woe results from pondering your traits.
May you never beguile me,
O crafty, treacherous world.

O devious one, yea, O devious one,
though few have not bowed before you,
it was never promised by the glorious Lord
that your protector would not be beguiled.

O dangerous one, yea, O dangerous one,
your appearance is a cause for anger,
since you surround me with deceit
for love of you, O world!

27. Ní rí fíre acht Flaith Nimhe

Ba é an file, Fearghal Óg Mac an Bhaird (*fl.* 1600), a chum an dán seo. Ó chlann filí i nDún na nGall a shíolraigh sé ach oileadh i gCúige Mumhan é. Thosaigh sé ag cumadh filíochta do phátrúin leis (Mag Uidhir agus Mag Aonghusa) sna 1580í ach is cosúil nár dearnadh ollamh riamh de. Chaith sé tamall in Albain faoi phátrúnacht Shéamas VI. I ndiaidh Phlandáil Uladh d'imigh sé go Lováin na Beilge agus chum dánta cráifeacha ansin d'Ardeaspag Thuama na linne, Flaithrí Ó Maolchonaire. Sa dán seo mórann sé Íosa Críost mar rí os cionn gach rí talmhaí, agus is é tuiscint atá taobh thiar den dán nár chóir dílseacht a thabhairt do rí ar bith ach Dia féin.

Ní rí fíre acht flaith nimhe,
rí fíre flaith na cruinne;
do bhí ar neamh fan lia lighe
fear fine, Dia agus duine.

Ar chléith dhoinnbhear dia hAoine
do coinnmheadh Dia dar ndín-ne;
daor do bhraith an raon róin-ne
laogh na hóighe, an flaith fíre.

Rí fíre an fear nar chronuigh
cneadh na cíche dar gcabhair;
a chóir is é arna oighidh
oidhir Dé tóir a tabhaigh.

Tar a thal tiad a dhaoine
níor mhiadh le mac na hóighe

[dá chíos ní] um chneidh na cíghe
rí fíre, gein na glóire.

Tug malairt do Mhac Moire
slat do agair …*
ar aoi a dhéire mar dhlighe
caoi cridhe déine, a dhuine.

A Pheadair, déaghaidh dhúin-ne,
déanaidh, a easbail fhíre,
guidhe ar mo chrú le chéile;
tú féine id dhuine dhínn-ne.

[DD, lch 145]

*An líne seo doiléir sa lámhscríbhinn

27. There is no true king but the King of Heaven

The poet, Fearghal Óg Mac an Bhaird, flourished around the
year 1600. He came from a noted bardic family in Co. Donegal
but received his training in Munster. In the 1580s he was
composing poetry for Mag Uidhir and Mag Aonghusa, who
were his patrons then, but it appears he never achieved the
bardic grade of *ollamh*. He spent some time in Scotland under
the patronage of James VI. After the Plantation of Ulster he
moved to Louvain where he composed poetry for the
Archbishop of Tuam, Flaithrí Ó Maolchonaire. In the poem
below he praises Jesus Christ as king above all earthly kings,
and the understanding he promotes throughout the poem is
that God Almighty is the only king worthy of our true loyalty.

There is no true king but the King of Heaven,
a true king who is the King of the Universe;
who was one of us in Christ's tomb
and in heaven, God and man.

On the wretched cross on the Friday
God was sent to protect us.
Hard it was for him to show us the path,
O beloved of the Virgin, the truc King.

A true king is the one who ignored
the wound in his breast in order to help us.
It was right after he was sent to his death
in order to enforce the tax due to God.

Over his head the truss of the people
was no honour for the Virgin's Son,
but [his reward] for suffering the breast-wound
is to be a true king, a glorious being.

He gave an exchange to the Son of Mary
a rod which exacted …*
because of his tear as of right
the crying of a vehement deep heart, O man.

O Peter, watch on our behalf,
make, O true apostle,
a prayer for all of us,
you who are also one of us.

*This line is unclear in the manuscript.

28. A dhuine chuireas an crann

Fuair Giolla Brighde Ó hEódhusa bás sa bhliain 1614. Ba bhall é de chlann Uí Eódhusa, filí oifigiúla chlann Mhig Uidhir i gCo. Fhear Manach. Thaistil sé go Douai le hoiliúint sagartachta a fháil agus chuaigh sé isteach in Ord na bProinsiasach sa bhliain 1607. Ghlac sé Bonabhentura mar ainm san Ord sin. Sa bhliain 1611 chuir se caiticeasma Gaeilge amach in Antwerp. Rinne sé achoimre véarsaíochta de phríomhtheagasc an chaiticeasma, rud nach raibh coitianta ag an am. Scríobh sé ceann de chéad leabhair ghramadaí na Gaeilge, *Rudimenta Grammaticae Hiberniae*, nár foilsíodh go dtí an bhliain 1968 nuair a chuir Proinsiasach eile, Parthalán Mac Aogáin, eagar air agus é ina scoláire taighde san Institiúid Ard-Léinn i mBaile Átha Cliath. Is téama coitianta de chuid na filíochta sa 17ú agus san 18ú haois atá i gceist leis an dán thíos – glóir dhíomuan an tsaoil seo. Leag seanmóirithe na tréimhse an-bhéim air agus ba mhinic filí cráifeacha na linne ag déileáil leis ina gcuid dánta.

A dhuine chuireas an crann,
cia bhus beó ag buain a ubhall?
Ar bhfás don chraoibh ghéagaigh ghil,
ré a fhéagain daoibh an deimhin?

Gan t'fhuireach ré a bhláth do bhoing
san lubhghort uaine álainn,
smuain, a fhir na gcleath do chor –
mo chreach! ag sin an saoghal!

D'éis a aibchighthe is é id láimh,
an tú chaithfeas, a chompáin,

bláth garrdha na ngéag solas
tarla ón éag in amharas?

Ní críonna dhuit, a dhuine,
'gá mbí an choille chumhraidhe,
th'aire ar fhás na n-abhall lag
's gan cás it' anam agad.

[ND I, lch 5]

28. O you who plant the tree

Giolla Brighde Ó hEódhusa died in 1614. He was a member
of the Ó hEódhusa clan, official hereditary poets to the
Maguires of Fermanagh. He travelled to Douai to train as a
priest, was received into the Franciscan Order in 1607 and
took Bonaventure as his religious name. In 1611 he produced
an Irish-language catechism which was published in Antwerp.
He added a summary in verse of the main thrust of the
catechism's teaching, something which was not commonly
done at the time. He wrote one of the first grammars in the
Irish language, *Rudimenta Grammaticae Hiberniae*, which
remained unpublished until 1968 when another Franciscan,
Parthalán Mac Aogáin, edited it while a research scholar in
the Dublin Institute for Advanced Studies. A theme common
in the Irish literature of the 17th and 18th centuries – the
transient nature of this world – recurs in the poem below.
Preachers and poets of the time also placed great emphasis
on this theme.

O you who plant the tree,
who shall be alive to pluck its apples?

When the bright, branched shoot has grown,
is it certain to be seen by you?

Think not of staying to pluck its blossom
in the beautiful green orchard,
O you who fix the props –
Alas, for such is life!

When it has ripened and is in your hand,
is it you, my friend, who will eat
that blossom from the garden of bright shoots?
Even this, death has made doubtful.

It is not wise of you, O friend
who owns the fragrant wood,
to pay heed to the growth of weak apples
and yet not be concerned for your soul.

29. A Fhir Léaghtha an Leabhráin Bhig

Chuir Giolla Brighde Ó hEódhusa an dán seo ag tús an chaiticeasma a scríobh sé sa bhliain 1611. Iarrann an dán ar léitheoir an chaiticeasma é a léamh go cúramach agus an chomhairle agus an teagasc atá ann a úsáid ar mhaithe le tairbhe spioradálta a anama shíoraí. Deir Ó hEódhusa nach bhfuil aon leithscéal ag léitheoirí gan an teachtaireacht atá ann a thuiscint de bharr nár úsáid sé teanga chasta ar bith ann.

A fhir léaghtha an leabhráin bhig,
féach an tobar ó ttáinig,
uille a tharbha iná a thaidhbhsi
buime th'anma an obair-si.

An cisde tré'r cheandaigh fear
an fearann i n-ar foilgheadh –
ag so an fearann in a bhfoil –
neamhfhonn dó nocha dleaghoir.

An néamhann tré'r dhiúlt duine
sealbh a thoiceadh ttalmhaidhe,
dhá bhféachtar dhí an fonn 'na bhfoil
do-ghéabhthar sonn í a n-asgoidh.

Ag so anois do nimh chugaibh,
sreath ghrianach geam gcarrmhugail:
teagaisg thoirtheacha Dé dúinn
troimcheatha do sgé an sgrioptúir.

Ní thugsam dhóibh – ní díoth soin –
foighreadh a nGaoidhilg ghrianaigh

a nDia, a lochthobar na leagh,
cia an fothragadh nach fuairsead?

Ní dhearnsam, nír dhéanta dhamh,
dorcha lé dealradh briathar,
broin gheamghoirthe niamhtha ó nimh
briathra dealraighthe an Dúilimh.

Lé h-óradh bhriathar dá mbeinn,
mór dhíobh fá chiaigh do chuirfinn
conghmhaid failghe chumhdaigh cloch
urdail na faighne a bhfolach.

Rolla na bhfiach dho dhleaghair,
cairt do dhúithche ón dúileamhain
duitsi gan sgéimh do sgríobh mé:
sgríobh féin an ccairt-si ad chroidhe.

[TFG, lch 98]

29. O reader of this little book

Giolla Brighde Ó hEódhusa included the following poem at the beginning of his 1611 catechism. The poem asks the reader of the catechism to peruse it carefully and to use the counsel and teaching contained in it for the spiritual welfare of his eternal soul. Ó hEódhusa also states in the poem that readers have no excuse if they fail to understand the message of the catechism as he has taken great care to use language which is simple and easily understood.

O reader of this little book,
look upon the source from whence it came.
Greater its benefits than its outer appearance;
this work will be your soul's nurse.

The treasure by which a man bought
the ground wherein it was hidden –
this is the ground in which it lies;
it deserves more than indifference.

The pearl for which a man refused
possession of his earthly wealth,
if it is sought in the land where it lies,
will be found quite easily here.

Here now from Heaven for you,
is a series of bright, precious stones of carbuncle,
God's beneficial teachings for us,
scattered in heavy showers by the scriptures.

We did not give them – for there was no loss –
any tempering in resplendent Irish.

In God, in the lake-fount of precious stones,
what cleansing have they not there received!

We did not – for it was not required –
obscure them with brilliance of words
of the mass of heated sparkling gems from Heaven
of the shining words of the Creator.

If I were to gild words,
I should couch most of them obscurely.
Rings of encrusted precious stones keep
the bulk of the scabbard hidden.

The register of payments is due.
The charter of your country from the Creator
I have written without ornament for you.
Write you this charter on your heart!

30. Labhair linn, a Mhuire Mháthar

Tá téacs an dáin seo in eagar ag Osborn Bergin in *Irish Bardic Poetry*. Sa réamhrá deir Bergin nach raibh a fhios aige cé a chum an dán agus nárbh fhéidir leis dáta a lua leis. Cuireann an dán an dearcadh traidisiúnta Caitliceach a bhain leis an Maighdean Mhuire mar idirghabhálaí cumhachtach idir an pobal agus Dia i láthair an léitheora. Feictear an ról lárnach a bhí aici in ionchollú Chríost agus a chomhlíonann sí mar mháthair chineálta a ghlacann trua don pheacach agus a labhraíonn ar a shon le Dia féin.

Labhair linn, a Mhuire Mháthar,
suidhigh sinn sa rícheadh,
ná tar am aghaidh lem fhéichemh,
labhair damh fad dícheal.

Léig an freagra as fhearr red t'fagháil
leam ar eagla an ainiúil;
sinn ar n-ég dhuit nábadh doiléir,
a chruit na ttéd ttaidhiúir.

Do bhaoi do dhaonnacht fam Dhia-sa
ad naomhchorp naoi míosa;
as tú an t-ionadh fhuair na grása,
a thruaill iodhan Íosa.

Beir m'anam, a Ógh, ó shechrán,
ná labhair glór guthchlaon;
saor mé mar nach dual óm dhrochrún,
a ghruadh ar ghné subhchraobh.

Saor mo mhóid agus mo mhionna,
a Ógh gan bhaos mbanna;
cuid dod thréd gan innremh orra,
fég, a inghen Anna.

Ná léig mo locht d'agra ar m'anmain,
olc tagra gan torbhaidh,
a ghruaidh mar ghréin, a ghnúis suilbhir,
mo chúis féin go bfolchair.

Acht an té do dhealbh na dúile,
dearbh lem chéill nach cuala
leth do mhíorbhal a ndúil daonna,
a úir bhríoghmhar bhúadha.

Bí dom dhíon ar áis no ar éigin
ar cháir Chríosd má fhédair;
bíom ar do sgáth, a sgiath dídin,
a ttráth a fhiach d'fhégain.

Ós egail lem Luan* an chíosa
um chenn, cruaidh an cása,
an chroch dherg agus ég Íosa,
do Leanb brég an lása.

Ar ndódh leis an saoghal sédmhar,
mór baoghal na mbréigfhleadh,
mairg chleachtas an t-ól, a Óigbhean,
a Ógh dhearcghlas dhéidgheal.

A chruth fial, a ghnúis as gile,
rug tú Dia 'na dhuine,
fagh mo dhírgheadh uadh as m'fhaire,
th'Uan míngheal, a Mhuire.

Fuair an Ógh oiread na páisi,
Moire ger mór sgíosa,
is Mac Dé san úaidh dá héisi,
sa gruaidh mar ghné gríosa.

A mhaoir Íosa, a aingil iodhain,
sgaoil m'ainimh san fhalaidh,
saor sinn ó dhíchéill an domhain,
 a Mhíchéil, linn labhair.

[IBP, lch 189]

*Lá an Bhratha, ós rud é gurb é an Luan a luaitear leis an lá sin i
gcónaí i litríocht na Gaeilge.

30. Speak on my behalf, O Mother Mary

The text of this poem was edited by Osborn Bergin in *Irish
Bardic Poetry*. In his introduction to the poem Bergin states
that he did not know who had written it and neither could
he propose a date for its composition. The poem presents us
with a traditional Catholic view of the Virgin Mary – the
powerful mediatrix between the people and God. The central
role she played in the incarnation of Christ is seen alongside
her portrayal as the kindly mother-figure, who takes pity on
the sinner and who speaks on his behalf to God Almighty.

Speak on my behalf, O Mother Mary;
place me in heaven;
come not against me with my Accuser;
speak for me with all thy might.

Answer me so that I may most surely reach thee,
lest I go astray;
let not my death be unseen by thee,
O harp of tuneful strings.

Thy humanity surrounded my God
in thy sacred body for nine months;
thou art the place that found favour,
O pure sheath of Jesus.

Bear my soul, O Virgin, from error;
utter no partial voice;
save me, as I deserve not, from my evil disposition,
O cheek of the hue of the berry.

Save my vow and my oath,
O Virgin free from woman's folly;
look, O daughter of Anna,
upon part of thy flock without guidance.

Suffer not my sin to be charged against my soul –
it is an ill plea where there is no exemption –
O cheek like the sun, O smiling face,
mayest thou support my cause.

Save Him who formed the elements,
my mind is sure that I have not heard
of half thy miracles in a human creature,
O mighty soil of virtue.

Defend me by consent or force
against Christ's claim, if thou canst;
let me be under thy shelter, O protecting shield,
when His dues are considered.

As I dread that on the Monday* of the Tribute
– a hard case –
the red Cross and the death of Jesus will confront me,
beguile thy Child on that day.

When with the world and its riches
the mock banquets have been consumed by fire,
great is the danger of them; woe to him who practises
    drinking,
O Maiden, O Virgin bright-eyed and white-toothed.

O noble form, O brightest face,
thou didst bear God as Man;
win from thy white Lamb, O Mary,
my direction and my guard.

The Virgin Mary suffered as much as the Passion
– though great was the agony –
while God's Son was in the grave after it,
and her cheek red as embers.

O steward of Jesus, pure angel,
remove my blemish in the quarrel;

set me free from the folly of this world;
Michael, speak on my behalf.

[Translation by Osborn Bergin, IBP, p. 301]

*Judgement Day, which is always deemed to be a Monday in Irish
literature.

16ú agus 17ú hAois

16th and 17th Centuries

31. Caoin tú féin, a dhuine bhoicht

Rugadh Séathrún Céitinn timpeall na bliana 1580 in aice leis an gCathair i gCo. Thiobraid Árann. Cuireadh oiliúint sagartachta sa Fhrainc air agus faoin mbliain 1610 nó mar sin, bhí sé ar ais in Éirinn ina dheoise dhúchais, Port Láirge agus Lios Mór. Déantar an Céitinneach a chomóradh as a chuid scríbhinní staire agus diagachta. Scríobh sé roinnt tráchtas tábhachtach ar chúrsaí creidimh, *Eochair-Sgiath an Aifrinn* agus *Trí Bior-Ghaoithe an Bháis* agus ar chúrsaí staire, *Foras Feasa ar Éirinn*. Thuill an téacs sin clú agus cáil don Chéitinneach mar scoláire a raibh caighdeán eiseamláireach den Ghaeilge Chlasaiceach ar a thoil aige. Scríobh sé cuid mhór filíochta ar théamaí éagsúla chomh maith, a bhfuil an dán thíos ar na cinn is cáiliúla. Sa dán seo iarrann an Céitinneach ar an léitheoir smaoineamh air féin agus ar a chríoch dhéanach féin, agus in ionad bheith ag caoineadh peacaí daoine eile, díriú ar a pheacúlacht féin agus aithreachas a dhéanamh sa saol seo.

> Caoin tú féin, a dhuine bhoicht!
> do chaoineadh chách coisg do shúil;
> ná caoin inghean, ná caoin mac,
> dár cuireadh fá bhrat i n-úir.
>
> Caoin ar tús do pheacadh féin,
> ré ndul i gcré dod chorp;
> caoin, ós éigean duit a híoc,
> an pháis fuair Críost ar do shon.
>
> Caoin ar fhulaing ar do sgáth
> Críost, do cheannaigh cách i gcrann;

caoin a dhá láimh 's a dhá chois,
's an croidhe do sgoilt an Dall.*

Dá bhfaictheá a ndeachaidh uait,
is mar táid na sluaigh-se fúinn,
tar ar cuireadh riamh i gcré
do chaoinfeá thú féin ar dtúis.

Teachtaire Dé ós é an bás,
dá raibh ortsa 'na chás chruaidh,
do-ghéana tú h'aimhleas féin
is aimhleas an té do chuaidh.

Ar chruthaigh lámh dheas an tSaoir,
idir mhac is mhnaoi agus fhior,
ní bhfuil againn truagh ná tréan
nách rachaidh uainn d'éag mar sin.

Ar shliabh Síóin, lá na Sluagh,
badh duibhe ná gual do ghné,
anois giodh álainn do chruth,
muna gcaoine a-bhus tú féin.

Truagh sin, a bhochtáin gan chéill,
dá dtuigtheá-sa féin mar taoi,
do léigfeá do chaoineadh chách,
's do bheitheá go bráth ag caoi.

[MD, lch 174]

*Is ionann 'an Dall' agus Longinus sa Ghaeilge. De réir an traidisiúin,
is é Longinus a sháigh an tsleá i gcliabh Chríost.

31. Keen for yourself, my poor fellow

Geoffrey Keating was born around the year 1580 near Caher in Co. Tipperary. He studied for the priesthood in France and by the year 1610 or thereabouts, he was back in Ireland in his native diocese of Waterford and Lismore. Keating is renowned for his historical and theological writings. He wrote several important theses on religious subjects, *Eochair-Sgiath an Aifrinn* and *Trí Bior-Ghaoithe an Bháis*, and on matters of history, *Foras Feasa ar Éirinn*. That text earned Keating a reputation for being an exemplary scholar of the best standard and benchmark of written Classical Irish. He also wrote poetry on various topics of which the following poem is among the more famous. In it Keating asks the reader to reflect on his own final end, and instead of worrying about others' sins, to think about his own sinfulness and to repent in this life.

Keen for yourself, my poor fellow,
keep your eyes from keening for others,
keen not for daughter, keen not for son
who have been buried in a shroud of clay.

Keen firstly for your own sins,
before your body goes into the earth.
Keen, for you must pay
for the Passion Christ suffered for your sake.

Keen for the suffering on your account,
which Christ, who redeemed us all on the cross, has
    undergone,
Keen for his two hands and his two feet
and for the heart which the Blind One* pierced.

If you could see all those who have departed from you,
those hosts beneath us and how they are,
before all those who have been buried in the earth
you would first keen for yourself.

Since death is the messenger sent from God,
if you should consider yourself hard done by him,
you would bring about your own downfall
and the downfall of the one who has gone before.

Of all that the Craftsman's right hand has made,
child, woman and man,
there is no-one either pitiful or great,
who shall not go thus from us to his death.

On Mount Sion, on Judgement Day,
your face shall be darker than coal
though your form may be lovely now,
unless you keen for yourself while here on earth.

Alas for you, my poor senseless fellow,
if you could only see yourself as you are,
you would give up keening for everyone else
and you would weep evermore for yourself.

*Longinus, traditionally the one to have pierced Christ's side with
a lance, is known as 'the Blind One' in the Irish tradition.

32. Triúr atá ag brath ar mo bhás

Thug T. F. O'Rahilly le fios sna nótaí a chuir sé lena eagrán féin den dán seo (MD: 228) gur fágadh údar an dáin seo anaithnid in dhá lámhscríbhinn a scrúdaigh sé agus gur luadh le Donnchadh Mór Ó Dálaigh i gceann eile é, cé gur shíl sé nárbh fhéidir sin a bheith fíor ar chor ar bith. Deir sé go luíonn an fhianaise le Proinsias Ó Maolmhuaidh, Proinsiasach a scríobh an *Grammatica Latino-Hibernica* sa bhliain 1676, agus go mbaineann teanga an dáin go cinnte leis an 17ú haois. Baineann téama an dáin leis an dearcadh a léiríonn an file i dtaca le réaltacht an tsaoil seo. Tá searbhas áirithe i gceist nuair a deir sé nach bhfuil i ndán dúinn sa saol seo ach cathú an diabhail, saint na clainne agus ar deireadh thiar, cruimheanna na cré nuair a gheobhaimid bás.

> Triúr atá ag brath ar mo bhás,
> gé atáid de ghnáth im bhun –
> truagh gan a gcrochadh le crann! –
> an diabhal, 's an chlann, 's an chnumh.
>
> Ní thiobhradh aoinneach don triúr
> don dís eile, giodh iúl claon,
> an chuid do roichfeadh 'na ghéig
> dhóibh ar a gcuid féin ar-aon.
>
> An diabhal is dordha dáil,
> an fear leis nach áil acht olc,
> ar an anam soilbhir séimh
> ní gheabhadh sé an spréidh 's an corp.

Do b'fhearr le mo chloinn mo spréidh
do bheith aca féin a-nocht,
dhamhsa giodh fogas a ngaol,
ná mh'anam ar-aon 's mo chorp.

Na cnumha, giodh amhgar súd,
dá gcurthaoi mo chúl san gcré,
do b'fhearr leó aca mo chorp
ná mh'anam bocht is mo spréidh.

A Chríost do crochadh le crann
's do gonadh le Dall* gan iúl,
ó 'táid ag brath ar mo shlad,
is truagh gan gad ar an triúr.

[MD, lch 186]

*Longinus.

32. Three there are who await my death

T. F. O'Rahilly noted in his own edition of this poem (MD: 228) that its author was unknown in two of the manuscripts he examined and that in another one, it was wrongly ascribed to Donnchadh Mór Ó Dálaigh. He explains that the weight of evidence for authorship lies with Proinsias Ó Maolmhuaidh, a Franciscan priest who wrote the work *Grammatica Latino-Hibernica* in 1676, and that the language of the poem is definitely 17th-century. The theme of the poem relates to the poet's outlook on the reality of life. There is a certain amount of cynicism involved with his view that the mark of this life is the constant temptations of the devil, the greed of family members and friends and after all that, on death, all one can look forward to are the worms in the grave.

> Three there are who await my death
> and they are usually round about me –
> a pity they weren't hung high on a tree –
> the devil, the family, and the maggot.
>
> Not one of those three would give
> to the other two – for they are guileful –
> as much as would fit in his arm
> in return for what the other two have.
>
> The devil of sternest disposition,
> the one who desires nothing but ill,
> would not take in place of my cheerful gentle soul
> my earthly wealth and my body.

But my family would prefer my earthly wealth
for themselves this very night,
– though close their relationship to me –
than they would both my soul and my body.

The maggots, though they are distressful,
if my head were laid in the earth,
would prefer to have my body
than my poor soul and my earthly wealth.

O Christ who was hanged on a tree
and was pierced by the ignorant Blind One's* lance,
as they now await my downfall,
more's the pity there isn't a noose on the three of them.

*Longinus.

33. Mo-chean do theacht, a sgadáin

Dán beag greannmhar é seo ina labhraíonn an file leis an scadán ar a theacht chuige ag tús an Charghais. Tréimhse troscaidh agus tréanais atá i gceist leis an gCarghas ina nglacadh an t-iasc áit na feola go hiomlán in anallód. In ionad bheith míshásta go bhfuil air an fheoil a shéanadh go ceann daichead lá, is é a chuireann an file fáilte chroíúil roimh an iasc umhal seo mar athrú bia sa dán seo. Níl ainm an fhile ar eolas againn.

Mo-chean do theacht, a sgadáin!
druid liom, a dhaltáin uasail;
do chéad beatha 's do shláinte!
do thuillis fáilte uamsa.

Dar anam h'athar, a sgadáin,
gidh maith bradáin na Bóinne,
is duit labhras an duain-se,
ó's tú is uaisle 's is óige.

A fhir is comhghlan colann,
nách déanann comann bréige,
cara mar thú ní bhfuaras;
ná bíom suarach fá chéile.

Dá bhféachdaois uaisle Banbha
cia is mó tarbha don triúr-sa,
iasc is uaisle ná an sgadán,
idir bradán is liúsa.

Is é ar bhféachain gach cósta
go crích bhóchna na Gréige,
iasc is uaisle ná an sgadán
ní bhfuair Conán Chinn-tsléibhe.

A sgadáin shéimh shúgaigh,
a chinn chumhdaigh an Charghais,
a mhic ghrádhaigh mo charad,
leam is fada go dtángais!

Gidh mór do thuit a-nuraidh
dod ghaol bunaidh fán méis-se,
ná cuimhnigh fíoch ná fala,
ó's tú cara na cléire.

A sgadáin shailltigh shuilbhir
nach bíonn go duilbhir dúinte,
leamsa do theacht ní hanait,
súil ar charaid an tsúil-se.

I dtús an Charghais chéasta,
a fhir le ndéantar comhól,
ortsa, go teacht na Cásga,
is mór mo ghrása 's is romhór.

[MD, lch 1]

33. Welcome is your arrival, O herring

This a short, humorous poem in which the poet addresses the herring on its arrival at the start of Lent. In times past during the Lenten period of fast and abstinence, the eating of meat was forbidden and many people turned to fish, of which the herring was a favourite. Instead of being upset at the prospect of giving up meat for the forty-day fast, the poet heartily welcomes the humble herring as a pleasant change of diet. The poet's name is unknown.

Welcome is your arrival, O herring!
Move closer, O beloved one.
A hundred times good health and long life to you!
You have well earned our welcome.

By your father's soul, O herring,
though good the Boyne's salmon may be,
it is for you that I uttered this poem,
since it is you who are noblest and youngest.

O you whose flesh is finest
and who makes no false acquaintance,
a friend such as you I have not found;
let us not be petty with one other.

If Ireland's worthiest were to look and see
which of these three is of most benefit:
no fish is finer than the herring
even salmon or pike.

Even when he searched every coast
as far as the edge of the ocean of Greece,

a fish no finer than the herring
could Conán Chinn-tsléibhe find.

O gentle, cheerful herring,
O chief support during Lent,
O beloved son of my friend,
long have I waited for your arrival.

Though last year many of your own kind
fell across this dish,
bear neither anger nor spite
since you are a friend to the clergy.

O salted and cheerful herring,
who is neither dour nor mean,
your arrival causes me no unpleasantness,
for my eye beholds a friend.

At the start of the Lenten sacrifice,
O friend with whom we celebrate in common,
for you, till Easter arrives,
is my love both great and unbounding!

34. Dia do bheatha, a Naoidhe Naoimh

Rugadh an tAthair Aodh Mac Aingil (*alias* Aodh Mac Cathmhaoil) i nDún Pádraig i gCo. an Dúin. Bhí sé ina theagascóir pearsanta ag mic Aodha Uí Néill agus chuaigh sé isteach in Ord San Proinsias i Salamanca timpeall na bliana 1601. Theagasc sé san Ollscoil ansin go luath i ndiaidh dó teacht amach ina shagart. Ba dhiagaire é a thuill cáil idirnáisiúnta dó féin. Scríobh sé téacs ar shacraimint na faoistine, *Scáthán Shacramuinte na hAithridhe*, a foilsíodh sa bhliain 1618. Gnéithe aitheanta den téacs sin is ea a shaibhre agus a dhírí atá an teanga ann, agus an úsáid a bhain sé as *exempla* le pointí diagachta a mhíniú. Chum sé roinnt dánta cráifeacha a bhfuil an ceann thíos ar an gceann is cáiliúla. Fuair sé bás sa Róimh sa bhliain 1626.

Dia do bheatha, a naoidhe naoimh,
isan mainséar cé taoi bocht,
meadhrach saidhbhir atá tú
's glórmhar id dhún féin a-nocht.

A naoidhe bhig atá mór,
a leanbáin óig atá sean,
san mainséar ní chuire a lán
cé nach bhfagha áit ar neamh.

Ar neamh dhíbh gan mháthair riamh,
gan athair 'nar n-iath a-nos,
it fhírDhia riamh atá tú
is id dhuine ar dtús a-nocht.

Dia do bheatha, a Íosa, a-rís,
dia do bheatha i gclí ón Óigh,
a ghnúis is áille nó an ghrian,
na mílte fáilte do Dhia óg.

Uch, dá lámhainn dul is-teach –
atú a-muigh led chead, a rí –
le fáilte do-bhéarainn fós
míle 'gus míle póg dhíbh.

Póg dod bhéal, a bhráthair gaoil,
póg, a phápa naoimh, dod chois,
póg dod láimh ós tú mo rí;
is duit uile, a Dhia, mo thoil.

Tabhair, a rí, gé nach ceart,
áit id thuama don treas brúit,*
i measc na ngadhar ón tsliabh,
rér chosmhaile riamh ar ndúil.

A Mhuire, a mháthair, a ógh,
oscail doras an chró dhamh
go n-adhrainn ardrí na ndúl –
nach córa dhúinn ná do dhamh?

Do-ghéan seirbhís do Dhia i bhfos,
faire go moch is go mall;
gadhair na mbuachaill ón tsliabh
buailfead ón triath atá fann.

An t-asal fós is an damh
ní leigfead i ngar dom rígh;
do-ghéan féin a n-áitsin dó –
asal mé is bó Mhic Dé Bhí.

Do-bhéar uisce liom go moch,
scuabfad urlár bocht Mhic Dé;
do-ghéan tine san anam fhuar
's tréigfead tré dhúthracht mo chorp claon.

Nighfead a bhochtbhréide dho,
is dá dtuga, a ógh, cead damh,
mo cheirt féin do bhainfinn díom
dá cur mar dhíon ar do mhac.

Biad mar chócaire 'gan bhiadh
's im dhoirseóir do Dhia na ndúl,
's ó tá orthu go mór m'fheidhm,
iarrfad fair mo dhéirc do thriúr.†

Ní iarrfad airgead ná ór
acht uair san ló póg dom rígh;
do-bhéar mo chroidhe féin uaim
's glacaidh é mar luach an trír.

A Phádraig ón leanbhsa fuair
bachall Íosa mar bhuaidh grás,
a ghein gan domblas id chlí,
's a Bhrighid, bí linn de ghnáth.

A phátrúin oileán na naomh,
faghaidh grása ó Dhia dhúinn;
mar chruimh in uamhaidh Dé a-nocht
glacthar bráithrín bocht ó Dhún.‡

Míle fáilte a-nocht i gclí
le mo chroidhe dom rígh fial;
in dá nádúir ó do-chuaidh,
póg is fáilte uaim do Dhia.

[ND I, lch 3]

*Is cosúil go measann an file go bhfuil sé féin chomh híseal leis
an dá bhrúit eile, an t-asal agus an damh.

†An file, an t-asal agus an damh.

‡Dún Pádraig, Co. an Dúin: áit dhúchais an fhile.

34. You are welcome, O Holy Child

Father Hugh Mac Cawell (*alias* Aodh Mac Aingil and Aodh
Mac Cathmhaoil) was born in Downpatrick, Co. Down. He
was personal tutor to the sons of Hugh O'Neill and joined
the Franciscan Order in Salamanca some time around 1601.
He taught in the University there after his ordination to the
priesthood. He was an accomplished theologian who enjoyed
an international reputation. He wrote a treatise on the
sacrament of confession called *Scáthán Shacramuinte na
hAithridhe*, which was published in Louvain in 1618. Among
the more notable aspects of this text are the richness and
simplicity of the language and the use Mac Cawell made of
exempla in order to better elucidate points of doctrine. He

composed several religious poems of which the one below is
the most famous. He died in Rome in 1626.

You are welcome, O holy Child
in the manger; even though you are poor,
you are happy and rich
and powerful in your own stronghold tonight.

O little child who are so great,
O child so young who are yet so old,
in the manger you take up so little room,
even though heaven can barely contain you.

In Heaven you were without mother,
in this world now without father,
you are True God ever and always,
but you are human first of all tonight.

You are welcome, O Jesus, once more,
you are welcome in the Virgin's womb,
his face than sun much fairer more.
Welcome a thousand-fold His youth.

Ah, if I dare to enter in –
I wait without for a pass, O King –
gladly will I bestow on you
a thousand kisses doubling.

A kiss for your lips, O brother dear,
a kiss, Holy Master, for your feet,
a kiss for your hand as you're my King;
for you, O God, my will complete.

Grant, O King, though it be not right,
a place in your cave to this third brute,*
among the dogs from the mountain
for my nature was always like theirs.

O Mary, O Mother, O Virgin,
open the door of the enclosure
so that I may worship the High King of Creation –
Have I not more right than the ox?

I will do God's service here,
keeping watch early and late,
the dogs of the mountain-boys
I will drive away from this helpless Lord.

The ass and the ox, too,
I will not allow near my King;
I myself will take their place beside him,
I am the donkey and cow of the Son of the living God.

I will bring water with me in the early morning,
I will sweep God's Son's simple floor;
I will make a fire in my cold soul
and I will earnestly abandon my sinful body.

I will wash his poor clothes for him
and if you, O Virgin, will allow me,
I will take off my own rags
and provide them as a covering for your son.

I will be the one to cook his food
and the doorman for the God of creation,
and since my help is greatly needed by them,
I'll ask alms of him for three.†

I will not ask for silver or gold
but once a day a kiss for my King;
I will give away my own heart;
let you accept it as an offering from the three.

O Patrick, who by this child
got Jesus' crozier by the gift of grace;
O infant untainted by bitterness in your body
and Bridget, be you both always with us.

O patron of the island of saints,
get graces from God for us;
as a worm in God's cave tonight
take in a poor friar from Down.‡

A thousand welcomes in flesh tonight
from my heart to my generous King;
since he arrived in two natures,
for God a kiss and a welcome from me.

*The poet considers himself to be as lowly as the other two brutes,
the donkey and the ox.

†The poet, the donkey and the ox.

‡Downpatrick, Co. Down: the poet's place of birth.

35. Na hocht mbeannaíochtaí

An tAthair Aodh Mac Aingil a chum an leagan filíochta d'aitheasc cáiliúil Chríost ar an sliabh, (cf. Matha 5:1-12). Ba mhinic a d'úsáideadh scríbhneoirí próis chráifigh an fhilíocht mar mheán teagaisc agus chumaidís véarsaí ina mbíodh teagasc na hEaglaise nó eachtraí ón mBíobla le fáil le go gcuirfeadh an pobal de ghlanmheabhair iad.

Beannaithe na boicht:
Beidsean i dtigh Dé;
'S beannaithe an drong mhín:
Tír neimhe a dtír féin.

Beannaithe lucht an bhróin:
Sólás dóibh is dú;
Beannaithe lucht síth':
Clann Dé Bhí iad siúd.

Beannaithe an t-ocrach ceart
Óir sástar i dtigh Dé;
'S fear na trócaire fós –
Do gheibh a nós féin.

Beannaithe lucht dua
'Fhulaingíos cruas fán gcóir;
Ní beag an luach é:
Teach Dé 'dhlítear dóibh.

Beannaithe fós iad sin –
Lucht an chroí ghlain réidh;
Ba aoibhinn dóibh siúd
Is do chífid gnúis Dé.

Ocht slite ag seo daoibh
'Leanaid naoimh go beacht
De réir léinn Chríost –
Do shúil díobh ná bain.

[BBD, lch 131]

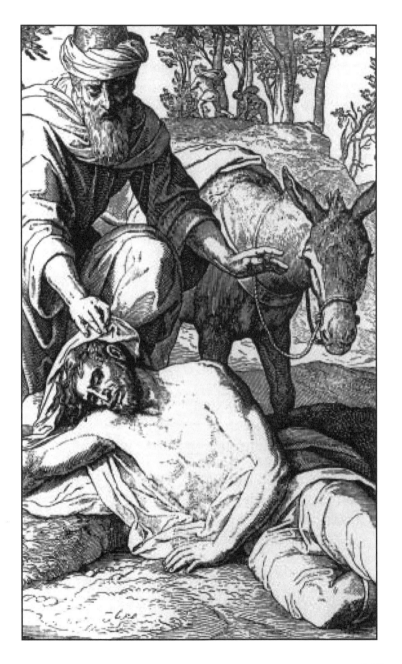

35. The eight beatitudes

Composed by Father Aodh Mac Aingil. A version, in the form of a poem, of Christ's famous Sermon on the Mount, (cf. Matt. 5:1-12). Writers of religious prose often used poetry for didactic purposes and they would compose verse containing aspects of Church teaching or biblical events so that the listeners would more easily remember them.

Blessed are the poor:
in God's house shall they dwell;
and blessed too the gentle ones:
the land of Heaven is theirs.

Blessed are the sorrowful:
solace is due unto them;
blessed are the peaceful:
they are the family of the Living God.

Blessed are the truly hungry
for they are satisfied in God's house;
and yet too the merciful –
they will receive their own practice.

Blessed are those who suffer
who endure hardship for justice;
it is no small reward:
God's House is their desserts.

More blessed even still are they –
the clean and pure of heart;
delightful it were for them
that they should see God's face.

Eight ways these are for you
which saints follow closely,
according to Christ's law –
Avert not your eyes from them.

36. An díbirt go Connachta

Is beag eolas atá againn faoin fhile seo, Fear Dorcha Ó Mealláin. Is cosúil gurbh as Co. an Dúin dó agus gur díbríodh go Connachta in aimsir Chromail é, de réir dealraimh. Ó bheith ag amharc ar ábhar an dáin, is féidir gur sagart a bhí ann fosta. Déanann an file ionannú idir cás na nGael in Éirinn na linne sin agus cás phobal Iosrael in aimsir an Eacsadais, analach a bhí an-choitianta mar théama i bhfilíocht Ghaeilge an 17ú haois.

In ainm an Athar go mbuaidh,
in ainm an Mhic fuair an phian,
in ainm an Spioraid Naoimh le neart,
Muire 's a Mac linn ag triall.

Mícheál feartach ár gcuid stór,
Muire Ógh 's an dá aspal déag,
Brighid, Pádraig agus Eoin –
is maith an lón creideamh Dé.

Colam Cille feartach caomh,
's Colmán mhac Aoidh, ceann na gcliar,
beid linn uile ar aon tslí
's ná bígí ag caoi fá dhul siar.*

Nach dtuigeann sibh, a bhráithre gaoil
cúrsaí an tsaoil le fada buan?
Gé mór atá 'nár seilbh,
beag bhéas linn ag dul san uaigh.

Uirscéal as sin tuigthear libh:
clann Israel a bhean le Dia,

san Éigipt cé bhí i mbroid,
furtacht go grod a fuair siad.

Do-chuadar tríd an mhuir mhóir,
go ndearnadh dhóibh ród nár ghann,
gur éirigh an fhairrge ghlas
mar charraig 'mach os a gceann.

Iar ndul dhóibhsin fó thír
fuair siad cóir ó Rí na rann,
furtacht, cabhair agus biadh
ón Dia bhí riamh is tá ann.

Fuaradar ó neamh mar lón
cruithneachta mhór – stór nár bheag –
mil dá chur mar cheó,
uisce go leór ag teacht as creig.

Amhlaidh sin do-ghéanfar libh:
do-ghéabhaidh sibh gach maith ar dtús;
atá bhur ndúithche ar neamh,
's ná bígí leamh in bhur gcúis.

A chlann chroí, déanaidh seasamh,
's ná bígí ag ceasnamh le hanró;
Maoise a fuair ar agaill –
cead a chreidimh ó Pharó.

Ionann Dia dhúinn agus dhóibh,
aon Dia fós do bhí 'gus tá;
ionann Dia abhus agus thiar,
aon Dia riamh is bheas go bráth.

Má ghoirthear dhaoibhse Páipis,
cuiridh fáilte re bhur ngairm;
tugaidh foighead don Ardrí –
Deo gratias, maith an t-ainm.

A Dhia atá fial, a thriath na mbeannachta,
féach na Gaeil go léir gan bharanta;
má táimid ag triall siar go Connachta,
fágmaid 'nár ndiaidh fó chian ar seanchairde.

[ND I, lch 36]

*I dtraidisiún na Gaeilge, is 'siar' a théann tú i dtreo na bhFlaitheas.

36. The banishment to Connacht

Very little is known about the poet, Fear Dorcha Ó Mealláin.
It appears he was born and lived in Co. Down and that he
himself may have been banished to Connacht during the time
of Cromwell. Judging from the poem, he may well have been
a priest. In the poem, Ó Mealláin identifies the situation of
the Irish people of the time with that of the Israelites during
the time of the Exodus, an analogy frequently used by poets
writing in Irish in the 17th century.

In the name of the Father of virtues,
in the name of the Son who suffered the pain,
in the name of the powerful Holy Spirit,
may Mary and her Son journey with us.

Our treasures include Michael of the miraculous deeds,
the Virgin Mary and the twelve apostles,
Brigid, Patrick and John –
faith in God is a great resource.

Gentle Colm Cille with his miraculous powers,
and Colmán son of Aodh, head of the clergy,
will all be with us on our journey
so weep not over the journey westwards.*

Have you been unable to understand, O beloved
    brothers,
the ways of the world for so long now?
However much may be in our possession,
very little we'll bring with us into the grave.

Let you understand what parable is here:
the people of Israel were as God's own wife,
even though they were in bondage in Egypt,
they found quick relief.

They made their way through the great sea,
on a broad road which was made for them,
because the grey sea rose
like a rock out over the top of them.

When they arrived on dry land
the King of the Heavens treated them fairly;
comfort, help, and sustenance
from the God who ever was and is.

They received as nourishment from heaven
fine wheat, no small provision,
honey arriving like a mist,
ample water flowing from a rock.

So shall it be done for you:
you shall receive all good things at first;
your homeland shall be heaven,
do not be fainthearted in your cause.

O beloved family, take a stand,
and do not complain about your misery;
Moses got that which he looked for,
freedom for his faith from Pharaoh himself.

God is the same for us as for them,
one God yet who was and is;
God is the same either in this life or the next,
one God who ever was and ever shall be.

If they call you Papists
welcome with gladness the name;
remain patient for the High King –
Deo gratias, good the name!

O God who are generous, O Lord of blessings,
behold all the Gael left without protection;
even as we journey westwards to Connacht,
let us leave behind old friends in their grief.

*In the Irish tradition, one journeys westwards towards Heaven.

37. Adhraim thú, a thaibhse ar gcrú (Sliocht)

Rugadh Dáibhí Ó Bruadair i gCo. Chorcaí timpeall na bliana 1625. Bhí an-léann air – bhí eolas aige ar an mBéarla agus ar an Laidin. Is cinnte go raibh an-eolas aige ar *Foras Feasa* an Chéitinnigh de bharr go dtarraingíonn sé go minic ina chuid filíochta air. I ndiaidh Chonradh Luimnigh agus Theitheadh na nIarlaí chaoin sé meath an chórais Ghaelaigh agus céim síos na bhfilí. Fuair sé bás go beo bocht sa bhliain 1698. Sna véarsaí a leanann déanann sé móradh ar Íosa Críost agus ceiliúradh ar an dóchas Críostaí.

> Adhraim thú, a thaibhse ar gcrú,
> a mhaighre an mhúir neámhdha,
> d'athraigh le searc ón Athair go neart
> dár gcabhair i gceart Mháire;
> mar ghréin tré ghloin do léimeadh libh
> d'aonscrios oilc Ádhaimh,
> go rugais le crann duine 's a chlann
> a hifearn ceann Cásca.
>
> A choinneall an chuain chuireas chum suain
> siosma na nguas ngáifeach,
> achainim ort anam an bhoicht
> caigil, is coisc Sátan;
> gé mise do thuill briseadh do thaoibh
> is tuilg na dtrí dtairne,
> ná dún do dhearc lonnrach leasc
> riom, acht fear fáilte.

Tinne-de ár spéis id bhuime, a Mhic Dé,
gur fionnadh de phréimh Dháibhí;
maighdean bhleacht do dheimhnigh reacht,
radharc is rath máthar;
an fhinnegheal úr do ionaghair thú,
a linbh, i gcúil chrábhaidh,
gloine mar í níor gineadh i gclí
is ní thiocfa go fuíoll mbratha.

[ND I, lch 47]

37. I worship you, O glory of our race (Extract)

Dáibhí Ó Bruadair was born in Co. Cork around the year 1625. He was well-read and knew both Latin and English. He certainly knew Keating's *Foras Feasa* because he drew on it when composing many of his poems. After the signing of the Treaty of Limerick, he lamented the fall of the Gaelic system and the abasement of the professional poets. He died in penury in 1698. In the verses which follow, Ó Bruadair celebrates the sacrifice of Jesus Christ and the tradition of belief in Christian hope.

I worship you, O glory of our race,
O champion of the heavenly rampart,
who for love departed the mighty Father
to come to our aid through Mary's humanity;
as sun through glass, you leaped
to wipe out completely the sin of Adam,
and saved through the cross the whole of humankind
from hell at the Easter feast.

O candle of the harbour which sends to sleep
the strife of deadly dangers,
I plead with you to save the poor man's soul,
and keep Satan at bay;
though it is I who brought about the piercing of your side,
and the wounds of the three nails,
do not shut your bright, stately eye
to me but make me welcome.

Our esteem for your nurse-maid is greater, O Son of God,
since she came from the race of David;
a fruitful virgin to fulfil the law,
with the looks and grace of a mother;
the fair, clear-skinned one who watched over you,
O little one in a holy nook,
purity such as she was not conceived in womb
and never will be until Judgement Day.

18ú agus 19ú hAois
18th and 19th Centuries

38. Páis Chríost

Is cosúil gur rugadh Séamas Dall Mac Cuarta in Ó Méith, Co. Lú timpeall na bliana 1650. Chaith sé a shaol sa cheantar idir Ó Méith agus abhainn na Bóinne. Chaill sé a radharc agus é óg i ndiaidh babhta tinnis. B'fhile cumasach é a bhain úsáid as meadarachtaí siollacha agus ba é is mó a bhain leas as an bhfoirm filíochta 'trí rainn agus amhrán', a bhfuil na dánta 'Fáilte don Éan' agus 'Tithe Chorr an Chait' ar na samplaí is fearr di. Fuair sé bás sa bhliain 1733. Sa dán seo a leanas, cuireann sé síos, ar bhealach cumhachtach drámatúil, ar pháis agus ar fhulaingt Íosa Críost ar an gcros. Éiríonn leis an radharc uafásach a chur os ár gcomhair go léirghrinn trí leas a bhaint as teanga lom choscrach a fhágann an léitheoir fuar le mothú an uafáis.

Féach coróin na ndealg maol;
Féach mar a chlaon a cheann san gcroich;
Féach fós áladh ina thaobh;
Féach Longínus, féach an tsleá.

Féach an dealg ina dhá chois;
Féach cló na mbos mín;
Féach dúnadh na rosc;
Féach an fhuil ag teacht ón spín.

Féach ríoghadh an dá lámh;
Féach an beol do bhí ina thocht;
Féach mar ceangladh é go crua;
Féach an uaigh ar cuireadh a chorp.

Féach mar théacht an purpar mín
Lena chréachta den taoibh istigh;
Féach mar tarraingeadh í go teann,
Óna cheann go n-uige a throigh.

Féach mar teannadh an chnáib;
Féach an fhonóid do rinneadh faoi;
Féach mar d'iompair an chroich;
Féach an domlas do ibh an Rí.

Féach an tiomna do rinne an Rí;*
Féach mar ghoir Elí san gcroich;
Féach gadaí na láimhe clí;
Mar nár adhair an Rí go maith.

Féach an colún fada fuar,
Le ar ceangladh suas corp an Rí;
Féach Peadar agus Eoin,
Is iad gan treoir ina dhiaidh sa tslí.

A dhuine nach léir dhuit créacht a chroí ón dall,†
Is a cheangail le téadaibh, seirbhe na dí sa gcrann,
Fíor a chéasta, féach, is ríoghadh na mball,
A chrochadh sa mbréig is nár géilleadh dlí dó ann.

[SDD, lch 49]

*Féach Eoin 19:26-27.

†Longinus.

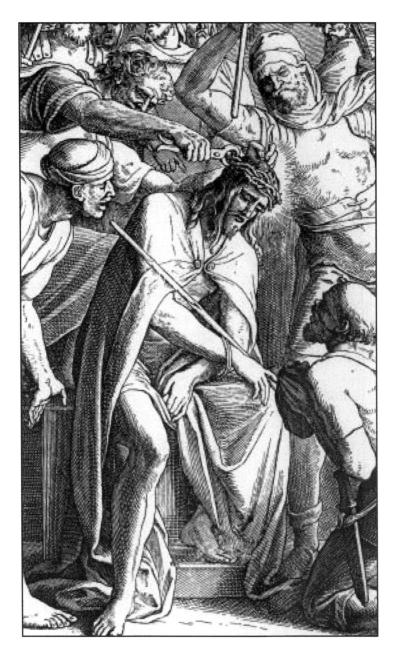

38. The Passion of Christ

Séamas Dall Mac Cuarta was probably born in the Omeath area of Co. Louth around the year 1650. He spent his life moving around between Omeath and the general area of the Boyne river. He lost his sight at a young age after a bout of illness. He was an accomplished poet who used syllabic metres in his poetry and it was he who most skilfully developed the 'trí rainn agus amhrán' format. His poems Fáilte don Éan and Tithe Chorr an Chait are the best examples of his use of this form. He died in 1733. In the following poem he portrays the passion and suffering of Christ on the cross in a highly powerful and dramatic way. He succeeds in graphically depicting the horrific events by his use of bleak and harrowing language, which leaves the reader with a feeling of cold terror.

Behold the bare crown of thorns,
behold how the weary head did bow,
behold yet the wound in his side,
behold Longinus, behold the lance.

Behold the barb in his two feet;
behold the shape of the gentle palms;
behold the closing of his eyes;
behold the blood spilling from the thorns.

Behold the stiffening of the two hands;
behold the lips now silenced;
behold how cruelly he was bound;
behold the grave where the corpse was laid.

Behold smooth crimson congealing
on the inside of his wounds;
behold how roughly he was torn at
from his head down to his feet.

Behold how taughtly bound was the hemp;
behold the mockery shown him;
behold how he carried the cross;
behold the vinegar drunk by the King.

Behold the command which the King did issue;*
behold how he called on Elijah from the cross;
behold the thief on his left-hand side,
who failed to properly acknowledge his King.

Behold the tall, cold pillar,
to which was bound the body of the King;
behold Peter and John,
aimlessly wandering the path without him.

O you who cannot see his heart's wound caused by
    Longinus,
who bound him with ropes, and gave him a bitter drink
    on the cross,
behold the marks of his crucifixion and the stiffening of
    his limbs,
his wrongful hanging, who was given no recourse to law.

*Cf. John 19:26-27.

39. A Íosa, a Naoimhspioraid

Thug Breandán Ó Buachalla le fios in *Nua-Dhuanaire I* gur i lámhscríbhinn i Leabharlann na Cathrach i Rouen a fuair sé na véarsaí seo agus go mbaineann siad leis an 17ú haois. Deir sé go bhfuil siad an-choitianta i lámhscríbhinní ón 18ú agus ón 19ú haois fosta agus go leagtar go minic ar Chathal Buí Mac Giolla Gunna iad. Ní féidir, áfach, gurb é Mac Giolla Gunna a chum iad de bharr dháta lámhscríbhinn Rouen (ND I: 113). Tá an file ag iarraidh cosaint agus fortacht ar an Tríonóid sa chéad véarsa agus ag impí orthu cuidiú leis a chuid mianta saolta a chloí sa dara véarsa.

A Íosa, a Naoimhspioraid, a Athair, is a Uain,
tug fíorfhuil do thaoibh ghil dár gceannach go cruaidh,
bí 'om dhídean, bí 'om choimhdeacht, bí ar m'aire
    gach uair,
más luí dhamh, más suí dhamh, más seasamh nó suan.

Íslígh mo dhíoltas, m'fhearg is m'fhuath,
is díbir mo smaointithe mallaithe uaim;
leig braon beag ón Naoimhspiorad bheannaithe anuas
a chloífeas an croí-se atá 'na charraig le cruas.

[ND I, lch 40]

39. O Jesus, O Holy Spirit

Breandán Ó Buachalla stated in *Nua-Dhuanaire I* that he found these following verses in the City Library in Rouen and that they date from the 17th century. He also states that they are commonly found in 18th- and 19th- century manuscripts, and that they are very often ascribed to Cathal Buí Mac Giolla Gunna. The date on the Rouen manuscript makes this impossible, according to Ó Buachalla (ND I: 113). In the first verse the poet seeks the protection and help of the Trinity, and pleads with them in the second to help subdue his worldly failings.

> O Jesus, O Holy Spirit, O Father, O Lamb,
> with blood from your fair side you redeemed us at
>   such cost,
> shelter me, protect me, watch over me at all times,
> in my lying, in my sitting, in my standing or sleeping.
>
> O lessen my vengeance, my ire and my hate,
> and banish from me my wicked thoughts;
> let but one drop of your blessed Holy Spirit fall down
> to soften this heart that is hardened as rock.

40. Marbhna Chathail Bhuí*

Creidtear gur rugadh Cathal Buí Mac Giolla Gunna i gCo.
Fhear Manach timpeall na bliana 1680. Chaith sé formhór a
shaoil ina chónaí i gceantar Bhréifne (Co. an Chabháin agus
Co. Liatroma), cé go mbíodh sé faoi cheantair eile i gCúige
Uladh minic go leor níos moille ina shaol. Chaith sé tréimhse
ag dul don tsagartacht agus é ina fhear óg, ach níor dearnadh
sagart de. Bhí clú an ragairne agus an ólacháin amuigh air.
Chum sé ar a laghad cúig dhán déag a bhfuil 'An Bonnán Buí'
agus 'Aithreachas Chathail Bhuí' ar na cinn is cáiliúla. Fuair
sé bás sa bhliain 1756 agus cuireadh é i reilig Dhomhnach
Maighean i gCo. Mhuineacháin. Is dán aithreachais é seo a
leanas ina n-admhaíonn Mac Giolla Gunna gur chuir sé a
shaol amú agus ina n-impíonn sé ar Dhia trócaire a dhéanamh
air, agus a chuid peacaí a mhaitheamh. Tá teanga an-tochtmhar
sa dán agus mothaítear fíordhoilíos an fhile tríd síos.

A Rí na ngrása, is dána dhomh amharc ort suas
is nach bhfuil oíche nó lá nach dtairnim fuil as do ghrua;
d'fhulaing tú páis agus bás ár gceannach go crua,
is mur dtillidh tú, a athair, gan spás 'nois imeach mé uait.

A Rí tá cuimseach, coimrí iarraim ort
in éiric an chrainn dar ceangladh thú gan locht;
braon de do thrócaire doirt fám anam anocht
is ná léig ar seoid go deo mé ach cloígh mo chorp.

A Rí na bhfeart, go nglaca tú mo chroí,
is go mbeire tú leat gan stad mé mar bhfuil na haingil;
admhaim mo lochta anocht cam agus claon,
gur thit mé i bpeaca crosta deamhna an tsaoil.

Fuair mé cúig ní ón Spiorad naomh is níorbh fhiú mé
   a bhfáil:
amharc na slí, faraoir, agus cluinim a lán,
blas agus boladh, molaim thú a Rí na ngrás,
is go n-aithneann mo chroí gach ní, míle altú leat a athair.

A mhaighdean dhealrach, a bhanríon fhlaitheas Dé,
nach méanra a bhéarfadh agus dhéanfadh caradas léi;
gabhfaidh mé d'fháilte ar ball le cúnamh Dé,
gurab ar do dheasláimh atá m'áit le do impí féin.

Is é mo chrá géar, le toil Dé nachar rugadh mé dall,
bodhar gan radharc, gan aon phioc teanga in mo cheann,
sula deachaidh mé i dtréas mar cheithearnach coille
   ní feall,
is faraoir géar ní dearna mé aithrí in am.

Nach trua mé, lá an tsléibhe, ar thosach an tsló,
is gur measa mé nó an té bhraith Críosta le póig;
gabhfaidh mé cré an dá aspal déag agus creidfear mé, ar
   ndóigh,
agus déarfaidh mé féin i láthair Dé 'I am guilty, my Lord'.

[CBA, lch 90]

*Is leagan gearr é seo den dán ar a dtugtar 'Aithreachas Chathail
Bhuí' (CBA: 92). Níl sa leagan is luaithe den dán ach seacht véarsa,
ach tá ocht véarsa déag sa leagan fada. Shíl Ó Buachalla (CBA:
151-2) gur cuireadh véarsaí leis an dán le himeacht aimsire agus
nárbh é Cathal Buí féin a chum iad.

40. The elegy of Cathal Buí*

Cathal Buí Mac Giolla Gunna is reputed to have been born in Co. Fermanagh around the year 1680. He spent most of his life in the Bréifne area (Cos. Cavan and Leitrim), although he spent time in various parts of Ulster in his later years. He trained for the priesthood as a young man but was never ordained. He was renowned as a rake and for his fondness for drinking. He composed at least fifteen poems of which *An Bonnán Buí* and *Aithreachas Chathail Bhuí* are among the best known. He died in 1756 and was buried in Donaghmoyne in Co. Monaghan. The poem below is one of repentance and regret in which the poet bemoans the waste of his life, and in which he pleads with God to take pity on him and forgive him his sins. The language of the poem is highly moving and the genuine remorse of the poet is felt throughout.

O King of the graces, bold it is for me to look up at you,
for there is neither night nor day when I do not draw
    blood from your visage;
you suffered passion and death in order to win us dear,
and, O Father, if you do not return I will depart from
    you without delay.

O God all-powerful, I beg shelter from you
in recompense for the cross to which you were bound
    for no reason;
spill a drop of your mercy this night upon my soul
and never let me go astray, but rather subdue my body.

O King of the miracles, may you accept my heart
and may you bear me with you without fail to the place
    of the angels;
I confess tonight my twisted and perverse faults,
and that I have fallen into the crooked sins of this
    world's demons.

I received five things from the Holy Spirit and was
    unworthy of them:
sight for my path, alas, and hearing for everything,
taste and smell for which I praise you, O King of the
    graces,
and that my heart recognizes all things, a thousand
    thanks be to you, Father.

O shining Virgin, O Queen of God's Heaven,
lucky indeed for him who would give and receive
    friendship from her;
I will be welcomed by you shortly with God's help,
so that my place will be at your right hand through your
    own intercession.

It is a great woe to me that by God's will I was not
    born blind,
deaf and without sight, without any trace of speech in
    my head,
before I sinned like a wood-kern who commits deceit,
for great is my woe that I did not repent in time.

Shall I not be pitied on Judgement Day at the head of
the host,
and will I not be worse than the one who with a kiss did
Christ betray?
I will recite the creed of the twelve apostles and, of
course, I will be believed,
and I will myself say aloud in God's presence '*I am
guilty, my Lord*'.

*This is a shorter version of the poem 'Aithreachas Chathail Bhuí'
(CBA: 92). In the earliest copy of the poem there are only seven
verses, but in the later version there are eighteen. Ó Buachalla
(CBA: 151-2) thought that the extra verses were added over the
course of time but that Cathal Buí did not compose them.

41. Na Deich nAitheanta

Meastar gur rugadh Andréas Ó Doinnshléibhe timpeall na bliana 1694 i Sligeach. Chuaigh sé go dtí Coláiste na nGael i bPáras sa bhliain 1710, áit a ndearna sé staidéar ar an dlí. D'fhoilsigh sé caiticeasma cáiliúil Gaeilge i bPáras sa bhliain 1742, *An Teagasg Críosduidhe do reir Ceasda agus Freagartha*. Deirtear gur sa bhliain 1761 a fuair sé bás. Is achoimre ar na Deich nAitheanta i bhfoirm véarsaíochta an rann beag thíos.

Creid, a Mhic, i nDia go glan.
Ná tabhair ainm Dé gan fáth.
Coimeád an tsaoire mar is cóir.
Tabhair dod' athair is dod' mháthair onóir.
Ná déan marú, goid ná drúis,
Ná fianaise bhréige ar aon chúis.
Ná santaigh bean nach leat féin,
Clann duine eile ná a airnéis.

[Donl., lch 66]

242

41. The Ten Commandments

It is thought that Andrew Donlevy was born in Sligo around the year 1694. He went to the Irish College in Paris in 1710, where he studied law. He published a famous bilingual catechism in Irish and English while there in 1742, *An Teagasg Críosduidhe do reir Ceasda agus Freagartha*. He died about the year 1761. The poem below is a summary in verse of the Ten Commandments.

Belief in God alone attain.
His holy name take not in vain.
Preserve the Sabbath as is right.
Give not to parents any slight.
Kill not, thieve not, nor lust commit
Of false witness bear not one whit.
Desire no woman who is not yours,
another's children or his goods.

42. Gile mo chroí do chroí-se

Rugadh Tadhg Gaelach Ó Súilleabháin timpeall na bliana 1715 i gCo. Luimnigh, cé gur chaith sé cuid mhór dá shaol i gCo. Phort Láirge. Chum sé go leor dánta spioradálta agus foilsíodh go minic sa 19ú haois iad. Is faoin teideal *Timothy O'Sullivan's Pious Miscellany* a cuireadh i gcló iad agus rinneadh athchló rialta ar an saothar, cé go bhfuil leaganacha de na dánta le fáil i gcuid mhór lámhscríbhinní i leabharlanna ar fud na hÉireann fosta. Fuair sé bás timpeall na bliana 1795. Tá clú agus cáil ar an dán thíos agus tá an cineál seo dáin – an dán faoistine – an-choitianta i dtraidisiún cráifeach na Gaeilge.

Gile mo chroí do chroí-se, a Shlánaitheoir,
is ciste mo chroí do chroí-se a dháil im chomhair:
ós follas gur líon do chroí den ghrá-sa, a stór,
i gcochall mo chroí do chroí-se fág i gcomhad.

Ar fhuilingis trínne, a Rí ghil ard na gcomhacht,
ní thigeann im smaointe a shuíomh ná a thrácht i gcóir,
's gur le gora-ghoin nimhe do chroí 's do chneá-sa, a
    stór,
do bhrostaigh na mílte saoi go sámh i gcoróinn.

A Athair 's a Íosa 'dhíon led bhás mé beo,
's do dhealbh mo ghnaoi gan críochnadh ceard id chló,
nach danartha an gníomh, a Chríost, nár ghrás-sa fós
ach gach uile ní 'na mbíonn do ghráin don tsórt.

Ar shealbhaigh Maois ded dhlí-se i bpáirt an tslóigh,
dob annamh mo chroí-se síoch ná sásta leo,
ach fala 'gus fraoichnimh, craois ag carnadh stóir
le heasmailt gach n-aoin 's na mílte cáin ba mhó.

Le atuirse cnaíte faoina ndearna geobhad
ag taisteal gach tíre i gcríochaibh Fháilbhe 's Eoghain,*
ag aithris mo ghníomhartha 's ag caoi le gártha bróin,
's ag screadaigh go scíosmhar tríd, ag tál na ndeor.

An uair chasfadsa arís led ghuí-se, a bhláth na n-ord,
fá thearmainn Chríost is díon a ghrás 'om chomhad,
biaidh garbhchnoic fraoigh na líog do chráigh mé
    romham
'na machairí míne síoda 's 'na mbánta sróill.

An Ceangal

Ar fán cé bhís-se, a Rí ghil naofa ó neamh,
go cráite trínne i slí nach léir a mheas,
do ghrá-sa, a Chríost, níor mhaís gur réab an tsleagh
áras dín id chroí don tsaol ar fad.

[DPD, lch 190]

*Bhí baint ag Fáilbhe agus Eoghan le Cúige Mumhan, an ceantar
atá i gceist sa tagairt seo.

42. The light of my heart

Tadhg Gaelach Ó Súilleabháin was born around the year 1715 in Co. Limerick, though he lived much of his life in Co. Waterford. He composed quite a number of religious poems which were popular in the 19th century. The poems were published under the title *Timothy O'Sullivan's Pious Miscellany* and were frequently reprinted as well as finding their way into many manuscripts. He died around the year 1795. The poem below is a famous one in the canon of Irish literature. It is a confessional poem, examples of which are very popular in the religious poetry of the Irish-language in the 18th and 19th centuries.

The light of my heart is your heart, O Saviour,
the treasure of my heart is your heart poured out for me;
since it is clear that your heart is filled with my love, O
    beloved,
in my innermost heart leave your heart for safe-keeping.

What you have suffered on our account, O mighty and
    splendid High King,
my thoughts cannot determine nor account for;
it is the hot piercing hurts in your heart and your sores,
    O beloved,
which urged the wise in their thousands to their reward.

O Father and O Jesus, whose death preserved my life,
who formed my image in your own without the
    craftman's toil,
isn't it a cruel deed, O Christ, that I have loved nothing yet
except all those things you most despise?

That which Moses, on behalf of the many, received of
    your law,
my heart was rarely pleased or satisfied with,
but spite and anger, and greed in the pursuit of wealth,
ridiculing everyone, and thousands of other faults even
    greater.

Worn out with regret for what I have done I will set out
to travel all over the territory of Fáilbhe and Eoghan*
to confess my deeds and to mourn with shouts of remorse,
crying sorrowfully aloud about them and weeping tears.

When I return again by your leave, O flower of the Orders,
to Christ's sanctuary and with the covering of his grace
    to protect me,
the rough stony heather-hills that troubled me before
will become smooth silken plains and fields of satin.

Envoi

Even though you were astray, O fair, holy King from
    heaven,
tormented in our midst in a way that cannot be estimated,
you made no boast of your love for us, O Christ, till the
    lance tore open
a haven in your heart for the whole world.

*Fáilbhe and Eoghan are associated with the province of Munster,
which is the territory referred to here.

43. Machnamh an duine dhoilíosaigh

Rugadh Seán Ó Coileáin in Iarthar Chairbre timpeall na bliana 1754. File, scríobhaí agus sagart a bhí ann. Bhunaigh sé scoil i Midhe Ros i ndiaidh dó filleadh ar Éirinn ón Mór-Roinn áit a ndearna sé a chuid staidéar sagartachta. Luaitear deich ndán leis agus tá aon cheann déag dá chuid lámhscríbhinní ar marthain go fóill. Is é cás Mhainistir Thigh Molaige atá i gceist leis an dán thíos – a laethanta órga agus a meath ina dhiaidh sin. Tugann fothracha na mainistreach air meabhrú ar chúrsa a shaoil féin. Fuair Ó Coileáin bás sa bhliain 1817.

Oíche dom go doiligh dubhach
cois fharraige na dtonn dtréan
ag léirsmuaineadh is ag lua
ar choraibh crua an tsaoil.

Bhí an ré is na réalta suas,
níor chlos fuaim toinne na trá
is ní raibh gal ann den ghaoith
do chraithfeadh barr crainn ná bláth.

Do ghluaiseas i machnamh mhaon
gan aire ar raon mo shiúil,
doras cille gur dhearc mé
san gconair réidh ar mo chionn.

Do stad mé san doras tsean
'nar ghnáth almsanna is aoi
dá ndáil don lobhar is don lag
an tráth do mhair lucht an tí.

Bhí fora fiar ar a thaoibh,
is cian ó cuireadh a cló,
ar a suíodh saoithe 'gus cliar
is taistealaigh thriallta an róid.

Shuigh mé síos le machnamh lán,
do leigeas mo lámh fám ghrua
gur thuit frasa diana déar
óm dhearcaibh ar féar anuas.

Adúirt mé ansan fá dhíth
agus mé ag caoi go cumhach
'Do bhí aimsear ina raibh
an teach so go soilbh subhach'.

Sonn do bhíodh cloig agus cléir,
dréachta 'gus diadhacht dá léadh,
córa, ceatal agus ceol
ag moladh mórgachta Dé.

A fhothrach fholamh gan aird,
a árais seo is aosta túr,
is iomdha eascal is gaoth
do bhuail ar mhaol do mhúir.

Is iomdha fearthainn is fuacht
is stoirm chuain do chuiris díot
ó tíolaiceadh tú ar dtúis
do Rí na ndúile mar thíos.

A mhúir naofa na mbeann nglas
dob ornáid don tír seo tráth,
is diomá dian liom do scrios
agus cuir do naomh ar fán.

Is uaigneach ataoi anois –
ní bhfuil ionat cora ná ceol,
ach scréachach ghéar na gceann gcait
in ionad na salm sóil.

Eidhean ag eascar ós do stua,
neantóg rua it urlár úr,
tafann caol na sionnach seang
is crónán na n-eas id chlúid.

Mar a nglaodh an fhuiseog mhoch
do chléir ag canadh a dtráth,
ní bhfuil teanga ag corraí anois
ach teangtha gliogair na gcág.

Atá do phroinnteach gan bhia,
do shuainlios gan leaba bhláth,
do thearmann gan íobairt cliar
ná aifreann do Dhia dá rá.

D'imigh do luamh is do riail
is do chuallacht ba chian cáidh;
uch! ní fhionnaim anois fád iadh
ach carannán criata cnámh.

Uch! anfhorlann is an-uaill,
anbhroid, an-uais is ain-dlí,
foirneart námhad is creachadh cruaidh,
tug uaigneach tú mar taoi.

Do bhás-sa féin sona seal;
faraor! do chlaochlaigh mo chló,
táinig tóir an tsaoil im aghaidh,
ní bhfuil feidhm orm ach brón.

D'imigh mo luail is mo lúth,
radharc mo shúl agus mo threoir;
atáid mo chairde is mo chlann
san gcill seo go fann ag dreo.

Atá duairceas ar mo dhriuch,
atá mo chroí 'na chrotal cró;
dá bhfóireadh orm an bás,
ba dhearbh m'fháilte fána chomhair.

[DF, lch 187]

43. The remorseful man's contemplation

Seán Ó Coileáin was born in West Carbery around the year
1754. He was a poet, a scribe and a priest. He founded a school
in Myross after returning to Ireland from the continent, where
he studied for the priesthood. About ten poems are ascribed
to him and eleven of his manuscripts still survive. The poem
below considers the fate of the famous Timoleague Abbey
from its days as a prominent monastery to its demise. The
remains of the abbey bring the poet to reflect on the course
of his own life. Ó Coileáin died in 1817.

I passed a night, mournful and melancholy,
on the shore of the powerful waves
reflecting deeply and pondering
the ups and downs of life.

The moon and stars were up,
barely a stirring of the waves could be heard
and there was not a breeze
that would stir tree-top or flower.

I moved in quiet reflection
not minding where my path did wind,
till I spotted the door of a church
on the smooth path ahead of me.

I stood in the ancient doorway
where alms and hospitality were
once provided for the sick and the weak
when the people of the house did thrive.

There was a bench lying awry on its side,
a long time since it had its proper shape,
whereon used to sit scholars and monks
and the travelling wayfarers of the road.

I sat down deep in thought,
and put my hands to my cheeks,
and the tears came hard and fast
from my eyes down onto the grass.

Then sorrowfully I said
as I cried pitifully,
'There was once a time when
this house was cheerful and merry.'

There were bells and monks then,
passages of theology being read,
choirs, psalms and music
to the praise and glory of God.

O empty ruin now unnoticed!
O place of ancient tower!
Many's a storm and high wind
have struck your ruined walls.

Many's the shower of rain, cold spell
and storm you have weathered
since first you were dedicated
here below to the God of Creation.

O hallowed wall of the grey peaks
which once did decorate this land,
a great desolation to me is your destruction
and the scattering of your monks.

Desolate you are now –
neither choirs nor music are to be found in you
except for the screeching of the owls
in place of the psalms of comfort.

Ivy now sprouts out of your archways,
red nettles from your fair floor,
the thin bark of the slender foxes
and the purr of the weasels in your corner.

Where once the early lark did sing,
where your monks chanted the hours,
no tongue now stirs here
except the prattle of the jackdaws.

Your refectory is without food,
your dormitory has no fair beds,
your sanctuary is without religious service
and no Mass is celebrated for God.

Your abbot and rule are now both gone
and your brotherhood, which was pure for so long.
Ah! I find nothing now within your enclosure
but mounds of riddled bones.

Alas! It was oppression and arrogance,
tyranny, unworthiness and injustice,
the violence of the enemy and cruel plundering,
that left you desolate as you are.

I too was once happy for a time;
Alas! My luck changed,
the allure of the world came against me,
I am reduced to sorrow.

My nimbleness and agility have deserted me,
my eyesight and direction too;
my friends and family
rot slowly in this burial place.

My countenance is desolate,
my heart is a nutshell;
if death were now to come to my aid,
I should provide him with a sure welcome.

44. Aighneas an pheacaigh leis an mbás (Sliocht)

Saolaíodh Pádraig Denn timpeall na bliana 1756. Mac feirmeora a bhí ann. Bhí a athair, Laurence, ina mhúinteoir scoile i gceantar Chúil Rua, Co. Phort Láirge. Nuair a tháinig Pádraig i méadaíocht bhunaigh sé scoil bheag i gCeapach Choinn agus d'éirigh go measartha maith leis an bhfiontar, rud a d'fhág go raibh sé ábalta dul i mbun scríbhneoireachta. Filíocht chráifeach is mó a chum sé. I measc na dtéacsanna eile a d'fhoilsigh sé tá *Stiúratheoir an Pheacuig, Comhairleach an Pheacuig agus Aitheanta Dé Mínighthe* agus *Machtnuig go Maith Air*, aistriúchán ar *Think Well on It* an Dr. Challoner. Fuair sé bás sa bhliain 1828. Sa sliocht gearr as an dán thíos, faightear blas ar an gcomhrá a bhí idir an Peacach agus an Bás – an Peacach gan bheith in ann glacadh leis go bhfuil a sheal tugtha aige ar an saol seo agus an Bás ag teacht chun é a thabhairt chun cuntais. Tá caighdeánú áirithe déanta anseo agam ar Ghaeilge an bhunleagain.

> An Bás
> Is chugat a thánga, a pheacaigh chríona,
> le hordú láidir thú a bhreith den saol seo,
> go dtabharfá cuntas id' dhrochghníomhartha,
> don Rí a fuair bás ar an gcrois Dé hAoine.

> An Peacach
> Cé hé tusa atá ag labhairt chomh dána
> le seanóir liath 'tá fé chiach chráite?
> Och, mo channtlamh! Is fann atáimse,
> is mo chroí dá bhriseadh le huireasa sláinte.

AN BÁS
Mise an Bás, atá lán de thréan-neart,
a leag ar lár clann Adhaimh go léir-cheart.
Leagfad tusa anois mar aon leo,
is béarfad ód' mhaoin gan bhrí fá chré thú.

AN PEACACH
Éist, a Bháis, tabhair cáirde fós dom.
Ná déan mo chreachadh is ná maraigh go fóill mé,
go ndéanfad aithrí im' pheacaí móra,
is go ndíolfad m'fhiacha le Rí na Glóire.

AN BÁS
Is fada an cáirde a fuairis go dtí seo,
an fhaid eile dá bhfaighfeá arís é,
mar a mhair tú riamh, do mhairfeá choíche,
dá fhaid é an cluiche go deireadh do scríofa.

AN PEACACH
Ní hamhlaidh a mhairfinn, geallaim óm' chroí dhuit,
ach im' aithríoch dhian fá chiach ag caoi-ghol,
ag tabhairt sásaimh do Dhia is do dhaoine,
im' dhroch-chleachtadh is im' bheartaibh baoise.

AN BÁS
Is mó geallúint fhallsa a thugais id' shaol uait,
d'fhear ionaid Dé fá éide Íosa,
go dtréigfeá an peaca is go mairfeá mín, tais,
fá rialacha naofa gan a dtréigean choíche.

AN PEACACH
Ó, is fíor gur gheallas don tsagart, ní bréagach,
go ndéanfainn faoistín fhada mo bheatha le chéile;

ach cúram an tsaoil is an cíos ag glaoch orm,
do chráigh sé riamh, is do chiap go léir mé.

An Bás
Lig dod' sheanchas, a sheanduine chnaíte,
nó sáithfead an bior seo tré lár do chroí 'steach
is tabharfaidh aonmhac Mhuire breith gan scaoileadh
air t'anam anois, is go hifreann síos leat.

An Peacach
Ó, a Bháis, ná sáithigh do ghéargha,
tabhair dhom cáirde go 'márach féineach,
go n-iarrfad síocháin ar an ardrí naofa
i méid mo pheacaí is gan m'aithrí déanta.

An Bás
Ní bhfaighidh tú cáirde, a chneadhaire an éithigh.
Do thuill tú ó Chríost go fíor thú a dhaoradh,
mar do thréigis riamh a riail is a naofacht,
is béarfadsa i do bhráid tú i láthair an aonmhic.

Clabhsúr
Lena linn sin tharraing an seanduine saoltach
osna throm is le scanradh d'éag sé
i lár a phianta is na diabhail dá aoireacht
chun é a sciobadh leo go deo le saol.

[APB, lgh 7, 8 agus 18]

44. The sinner's exchange with death (Extract)

Pádraig Denn was born around the year 1756. He was the son of a poor farmer. His father, Laurence, was a poor hedge-school teacher in the Coolroe area of Co. Waterford. When Pádraig grew up he founded a small school in Cappoquin and the enterprise was quite successful. This provided him with the opportunity to write. He composed mostly religious poetry and prose. Among his publications are *Stiúratheoir an Pheacuig, Comhairleach an Pheacuig agus Aitheanta Dé Mínighthe* and *Machtnuig go Maith Air*, a translation of Dr. Challoner's *Think Well on It*. He died in 1828. In the following short extract from the poem we are given a taste of the nature of the exchange between the Sinner and Death – the Sinner unable to accept the fact that his time has come, and Death coming to bring him to account for his life.

DEATH
It is to you I have come, O aged old sinner,
with a firm order to take you from this life,
that you might give account of all your foul deeds,
to the King who did die on the cross on a Friday.

THE SINNER
Who are you now, who speaks so imprudently
to an old grey fellow who is tortured and sad?
Oh, great is my sorrow! It is weary I am,
and my heart is breaking for lack of good health.

DEATH
I am Death who is healthy and strong,
who was the downfall of all Adam's race.

I will be your downfall too along with them,
and I will take you from your wealth and lay you lifeless
    in cold sod.

THE SINNER
Listen to me, Death, please give me some credit.
Be not my ruin – don't kill me just yet,
till I repent me of all my many misdeeds,
and pay all my debts to the God of Glory.

DEATH
Long is the credit you've been given until now.
Were you to be given the same length again,
as you lived it before, you would live it again,
as long as the game lasts till story's end.

THE SINNER
Not so would I live it, I promise you from my heart,
but a great penitent I'd be, always weeping in sorrow,
giving satisfaction to God and to all his people
for my bad habits and my foolish deeds.

DEATH
'Tis many the false promise you've made in your life,
to God's representative dressed in Jesus's garb
that you would turn from your sin and live kind and true,
by holy rules, which you would never forsake.

THE SINNER
Oh, it's true that I promised the priest, it's no lie,
that I would make a full confession for all of my life;

but the cares of the world and its dues came calling,
they pestered me constantly and tortured me through
    and through.

DEATH
Give up your old blather, O wasted old fellow,
or I'll stick this dagger through the core of your heart
and Mary's only son will pronounce irreversible
    judgement
right now on your soul and straight down to hell you
    will go.

THE SINNER
O Death, pierce me not with your terrible dagger,
give me credit even until tomorrow,
that I might make peace with the high king so holy
for all the of sins I have not repented.

DEATH
You'll get no credit from me, you lying old rogue.
You have earned from Christ truly that you should be
    condemned,
for you always abandoned his rule and his piety,
and by the scruff of your neck shall I bring you before
    the only Son.

CLOSURE
While this was going on the worldly old man
gave a heavy sigh and in terror did die
in the midst of his pains with the demons as shepherds
to bring him away with them for ever and amen.

45. A Rí an Domhnaigh

Is i nDoire Fhíonáin i gCo. Chiarraí a rugadh Tomás Rua Ó Súilleabháin sa bhliain 1785. Ba mhúinteoir scoile é agus ba chara le Dónall Ó Conaill chomh maith é. Bhailigh Séamas Ó Fiannachta a chuid dánta agus d'fhoilsigh sé sa bhliain 1914 iad faoin teideal *Amhráin Thomáis Rua*. D'fhoilsigh Máire Ní Shúilleabháin eagrán nua den saothar sin faoin teideal céanna sa bhliain 1985. Bhí suim mhór aige san oideachas, agus ba bhreá leis bheith páirteach i saol sóisialta a cheantair dúchais. Thaistilíodh sé thart chuig bainseacha agus tórraimh lena chuid amhrán a cheol. Tá sé amuigh air go ndéanadh sé a chuid dánta féin a thionlacan ar an bhfidil. Ar an gcoláiste i mBaile Átha Cliath a bhí Ó Súilleabháin nuair a bhuail an chréachta sa bhliain 1822 é. Cuireadh go hOspidéal an Fhiabhrais i Sráid Chorcaí é. Tá achainí anseo do gach lá sa tseachtain aige agus é ag iarraidh ar Dhia é a chosaint agus a thabhairt slán ón ngalar. Iarrann sé maithiúnas ar Dhia as peaca ar bith atá déanta aige. I dtreo dheireadh an dáin iarrann sé cabhair a leasa ar Mháthair Dé agus ar Mhuire na nGael, Naomh Bríd. Fuair sé bás sa bhliain 1848.

A Rí an Domhnaigh, tar le cabhair chugham
Is tóg in am ón bpéin mé;
A Rí an Luain ghil, bí-se buan liom
Agus na léig uaitse féin mé;
A Rí na Márta, a chroí na páirte,
Déan díonadh Lá an tSléibhe dhom;
A Rí Céadaoine, ná fulaing i ngéibhinn mé,
Cé fada óm' chaoimhghin féin mé.

A Rí na Déardaoine, maith dhúinn ár bpeacaí-ne,
Cé dheineas do cheart-dhlí a réabadh;
A Rí na hAoine ná coinnigh cuimhne
Ar mo dhrochghníomhartha baotha;
A Rí an tSathairn, go síoraí achainím
Mé 'thabhairt thar Acharon caorthin',
Faoi dhíon do thearmainn, tré ríocht an Aifrinn,
Suas go Parthas naofa.

A Bhanríon oirirc, a Bhanríon shoilbhir,
A Bhanríon sholais na gréine!
Ní haon tsaibhreas atá uaim ortsa anois,
Ach leigheas ar dhochar mo phéine;
Na sluaite borba a bhí ag gabháil ormsa,
Is a rug om' chodladh orm tréimhse,
Cuir cogadh orthu mar churadh cosanta,
Is tabhair ón ngoradh Lá an tSléibhe mé.

A Bhanríon álainn go bhfuil na grásta ort,
Ó liúim go hard agus glaoim ort,
Ó's tusa máthair an Linbh ghrámhair,
D'éag don pháis dár saoradh;
Is é seo láithreach am an ghátair
Is mé gan cairde taobh liom;
Ó tar im' láthair, cabhraigh lámh liom,
Is ná lig don bhás mé 'thraochadh.

A bhan-Naomh Bhríde, go bhfuil do lá ar slí chughainn,
Ó tar dom dhíon is dom aoireacht,
Is an aicíd choimhtheach atá ar mo dhroim-se
Ná lig im' chroí aon ghaoth dhi;
Ó pé ar domhan díomais atá ar mo thí-se,

Tóg-se arís mo chréachta,
Is le cúnamh Íosa go dtabharfad droim leis
An bpeaca do chloígh na céadta.

Níl dochtúir díobh siúd dá raibh im thimpeall,
Dá mhéid den liacht a léadar
Nach bhfaighfí sínte le plá na doighe seo
Dá dtéadh aon saighead ina ngaobhar dí.
Ní mhaithfead choíche do Sheán Ó Ríordáin
Mo chur i dtíos leo in aon chor;
Dá nglacfadh bíog mé, ná laige intinn',
Ní thabharfadh a ndícheall saor me.

[ATR, lch 11]

45. O King of the Sunday

Tomás Rua Ó Súilleabháin was born in Derrynane in Co.
Kerry in 1785. He was a schoolteacher and a friend of Daniel
O'Connell. Séamas Ó Fiannachta collected his poems and
published them in 1914 under the title *Amhráin Thomáis
Rua*. Máire Ní Shúilleabháin produced a new edition under
the same title in 1985. He was very interested in education
and enjoyed taking part in the social life of his native area.
He regularly travelled around to weddings and funerals to
perform his songs. It is said that he frequently accompanied
himself on the fiddle. Ó Súilleabháin was in college in Dublin
when he suffered a bout of consumption sometime in 1822.
He was sent to the Fever Hospital in Cork Street. In the
following poem, the poet prays each day that God will help
him through his affliction and forgive him any wrong-doing.
Towards the end of the poem, he invokes the aid of the Mother

of God and the saint usually referred to as Mary of the Gael, St. Brigid. He died in 1848.

O King of the Sunday, come to my aid
and take away my pain in due course;
O King of the Monday, be always with me
and never let me parted from you;
O King of the Tuesday, O soul of affection,
protect me on the Judgement Day;
O King of the Wednesday, don't suffer my
    imprisonment,
even though it has been a long time from my own
    fair birth.

O King of the Thursday, forgive my trespasses,
even though I have broken your just law;
O King of the Friday, remember not
my foolish bad deeds;
O King of the Saturday, I implore you without cease
to carry me over raging Acheron,
under the roof of your sanctuary, in the kingdom of
    the Mass,
up to the holy Paradise.

O noble Queen, O benevolent Queen,
O Queen of the sun's rays!
I require no riches from you now,
except a cure for the hurt of my pain;
the wild hordes which set about me,
and kept me for a time from my sleep,
make war on them as a defending champion,
and preserve me from a roasting on Judgement Day.

O beautiful Queen possessed of the graces,
I cry aloud and beseech you,
since you are the mother of the loving Infant,
who died in passion to set us free;
this is now the hour of my greatest need
and I have no friends to stand by me;
O come to me and grant me aid,
and do not allow death to wear me out.

O Saint Brigid, whose day is at hand,
O come to protect and guide me,
and do not allow this strange disease that I carry
to penetrate into my heart;
O whatever arrogance of this world is in my home,
heal once more my wounds,
so that with the help of Jesus I may turn my back
on the sin which has worn out so many.

There is no doctor among those around me,
No matter how much medicine they might know
Who would not be found stretched out with this plague
    of pain
If any dart of it were to come near them.
I will never forgive Seán Ó Ríordáin
For putting me in the same place as them.
If a sudden fit or weakness of spirit should overcome me,
Their best endeavours would not save me.

46. Faoistin Raiftearaí

Is é Raiftearaí an leagan coitianta d'ainm an fhile Antaine Ó Reachtaire a rugadh i gCill Aodáin in aice le Coillte Mách i gCo. Mhaigh Eo sa bhliain 1779. An bholgach a d'fhág dall é nuair a bhí sé ina pháiste. Ní raibh léamh ná scríobh aige dá bharr sin. Chaith sé cuid mhór dá chuid ama ag taisteal thart ar dheisceart Chontae na Gaillimhe. Chum sé dánta agus amhráin a phléigh le himeachtaí na linne. Bhailigh Dubhghlas de hÍde a shaothar le chéile agus d'fhoilsigh sé sa bhliain 1903 é. Réitigh Ciarán Ó Coigligh eagrán úr de na hamhráin agus na dánta sa bhliain 1987. Fuair Raiftearaí bás sa bhliain 1835. Is dán faoistine é seo i bhfoirm agallaimh idir Raiftearaí agus sagart, ina bhfuil Raiftearaí ag admháil a chuid peacaí agus ag lorg maithiúnais. Tá an sagart sásta go dtabharfar an maithiúnas ach Raiftearaí an pionós cuí a dhéanamh. Tá margáil ar siúl ag Raiftearaí leis an sagart agus é ag iarraidh a chur in iúl dó nach bhfuil a chuid peacaí chomh trom sin agus nár chóir don phionós bheith róthrom dá réir.

Tá an aithrí mhall seo baolach,
deir Críost linn is na haspail,
agus is liomsa a thig é a mhíniú,
de bharr an Athar Beairtle.
Faoi Cháisc, tráth a shíl mé ísliú,
go gclaonfadh Dia le m'aithrí,
d'fhógair sé don Chruach mé,
is naoi n-uaire go Loch Dearg.

RAIFTEARAÍ
Is ní é atá róchrua orm
is ní bhfaighinn amach an bealach,

267

Ach is do láimh, a Dhéin, tá a fhuascailt,
is ná bí tusa dubhagrach.
Smaoinigh ar Ghaillilí,
gur dhúirt Críost leis na haspail,
gach a maithfidís ar an saol seo
go mbeadh sé ina dhlí i bhfianaise a Athar.

An Déan
Dá bhrí sin is ar dhúirt Críosta,
ísligh síos, agus déan aithrí;
déan urnaí maidine is oíche
agus claonfaidh siad na peacaí.
Smaoinigh ar Pheadar Naofa
a bheas romhat ag béal na ngeataí,
nach ligfidh isteach aon neach choíche
dá ndéanfadh díofa faillí.

Raiftearaí
Is iomdha fear sa tír seo
a ghoideas ba is eallach,
a bhíos ag sladach oíche,
agus nach n-abrann Cré ná paidir.
Má labhair mise i gcois íseal,
go caoithiúil le mná deasa,
sin a bhfuil i m'aghaidh scríofa,
agus go n-ólaim uisce beatha.

An Déan
Éiligh grinn sa mBíobla
gach scríbhinn atá i gcás peacaí,
an áit nár frítheadh ach ceathair saor
an tráth a damnaíodh an dá chathair.

Drúis, craos, is díomas,
leisc, tnúth, saint is fearg,
iompaigh is diúltaigh daofa,
is deonaigh an chléir thú a ghlacadh.

Raiftearaí
Míle glóir le Críost
faoi Shean-Aoine a rinne ár gceannach,
a d'fhulaing an chróin spíonta
is na deilgne trína bhaithis.
Bhéarfaidh cóir don chine daonna
sna flaithis i láthair a Athar,
mar thug sé an gadaí saor leis
a bhí riamh ag déanamh peacaí.

Níor éisteadh Aintíocas
tráth ar cróilíodh é, is níor glacadh,
agus is iomdha neach den tsórt sin
atá i ngéibheann crua ag Sátan.
D'uabhar daoine móra
is do lucht póite comhairtear peaca,
is nár damnaíodh Sál faoin éadóchas
is níor chóra ná Béilseasar.

Is iomdha fear a saoradh
a thit go daor sa bpeaca;
Peadar a shéan Críosta
fuair sé eochracha na bhflaitheas;
Pól, a deir an Bíobla,
a chaith tús a shaoil le drochbhealach,
agus Dáibhí, an fear naofa,
a chuir Urias i mbearna bhasctha.

269

AN DÉAN

Ná géill tusa do na nithe sin
mar bhíos an Bás róghnaitheach,
bheir sé an t-óg is an críonna leis,
is an leanbh tar éis a bhaiste.
Má théann tú ag luí san oíche,
cá bhfios cé mbeifeá ar maidin?
Ach bí ullmhaithe glan roimh Chríosta
is ní baol nach bhfaighir na flaithis.

[RAD, lch 61]

46. Raftery's confession

Raftery, the popular name for the poet Antaine Ó Reachtaire, was born in Killedan near the town of Kiltimagh in Co. Mayo in 1779. As a child he suffered from smallpox and was left blind. He could neither read nor write because of that. He spent a great deal of time travelling around south Co. Galway. Much of his poetry deals with events during his own lifetime. His poems and songs were collected by Douglas Hyde who published them in 1903. A new edition of his work was edited and published by Ciarán Ó Coigligh in 1987. Raftery died in 1835. This is a confessional poem in the form of a debate between Raftery and a priest, in which Raftery confesses his sins and asks for forgiveness. The priest is happy that forgiveness may be given but only after Raftery has completed the necessary penance. Raftery is engaged in a certain amount of bargaining with the priest as he tries to infer that since his sins have not really been that serious, there is no need for the penance to be too severe either.

> This last-minute penitence is dangerous,
> so Christ and the apostles tell us,
> and it is I who can explain that it is so,
> on account of Father Beairtle.
> At Easter-time when I thought to humble myself,
> that God might incline to my penitence,
> he ordered me to Croagh Patrick,
> and nine times to Lough Derg.
>
> RAFTERY
> This is a thing too hard for me
> and I should not make my way,

but it is in your hands, O Dean, that the solution lies,
therefore be not over-vindictive.
Remember Gallilee,
where Christ told the apostles,
that everything they should forgive in this life
would be as law in the presence of the Father.

THE DEAN
For that reason and because of what Christ said,
bow down and be contrite;
say your prayers morning and night
and they will subdue your sins.
Remember Saint Peter
who will be before you at the mouth of the gates,
and who will never let any being in
if they have been remiss.

RAFTERY
'Tis many a man in this land
who steals both cattle and property,
who commits robbery in the night,
and who recites neither Creed nor prayer.
If I have spoken lowly
and gently with fair ladies,
that is all that's written against me,
except that I take a drop of whiskey.

THE DEAN
Examine carefully in the Bible
all the writing concerning sin,
in the place where only four were found sinless
when the two cities were condemned.

Lust, greed, and pride,
sloth, desire, envy and anger,
turn away and reject them,
and plead with the clergy to accept you.

RAFTERY
Glory a thousand-fold to Christ
who on that ancient Friday redeemed us,
who suffered the crown of thorns
and the barbs in his forehead.
He will grant justice to humankind
in the heavens in his Father's presence,
as he brought with him the repentant thief
who had ever been a sinner.

Antiochus was not listened to
and was not taken when on his death-bed,
and many's a person of that kind
is in Satan's hard bondage.
The pride of important people
and drunkards' excess is considered sinful,
and wasn't Saul condemned for his despair
no more justly than was Balthasar.

Many's a man was redeemed
who had fallen into great sin;
Peter who denied Christ
received the keys of the kingdom;
Paul, the Bible tells us,
who spent the beginning of his life in bad ways,
and David the holy king,
who sent Uriah into the chasm of death.

THE DEAN
Do not give in to those things
for Death is very busy,
and takes with him both young and old,
even the infant after its christening.
When you lay down to sleep at night,
who knows where you'll be in the morning?
But be fully ready for Christ
and there's no doubt but you'll get to Heaven.

20ú hAois

20th Century

47. Cuireadh do Mhuire

Rugadh Máirtín Ó Direáin in Inis Mór, Oileáin Árann sa bhliain 1910. Chaith sé tréimhse ag obair in Ard-Oifig an Phoist i nGaillimh agus é fós ina dhéagóir. Ní raibh mar scolaíocht air ach an bunoideachas. Bhí saibhreas an dúchais aige, áfach, mar go raibh an scéalaíocht agus an fhilíocht óna óige in Árainn. Léigh sé ábhar forleathan i rith a shaoil go léir. Tá neart filíochta foilsithe aige agus i measc na gcnuasach leis tá: *Coinnle Geala* (1942), *Dánta Aniar* (1943), *Ó Mórna agus Dánta Eile* (1957), *Ár Ré Dhearóil* (1962), *Ceacht an Éin* (1979), *Béasa an Túir* (1984) agus *Craobhóg Dán* (1986). Áirítear ar dhuine de mhórfhilí na Gaeilge san 20ú haois é. Fuair sé bás sa bhliain 1988. Sa liric bheag seo a leanas, lochtaíonn sé an cine daonna as a gcuid uabhair agus easpa umhlaíochta sa lá atá inniu ann. Deir sé go bhfuil an cineáltas á dhúnadh amach ag daoine mar a rinneadh le Muire nuair a diúltaíodh i ngach doras di an oíche ar tháinig Íosa ar an saol. Geallann sé féin di nach mar sin a bheas cúrsaí má thagann sí ar cuairt go hÁrainn in am a gátair.

An eol duit, a Mhuire,
Cá rachair i mbliana
Ag iarraidh foscaidh
Do do Leanbh Naofa,
Tráth a bhfuil gach doras
Dúnta Ina éadan
Ag fuath is uabhar
An chine dhaonna?

Deonaigh glacadh
Le cuireadh uaimse

Go hoileán mara
San Iarthar cianda:
Beidh coinnle geala
I ngach fuinneog lasta
Is tine mhóna
Ar theallach adhainte.

[MÓDD, lch 24]

47. An invitation to Mary

Máirtín Ó Direáin was born in Inis Mór, the Aran Islands, in
1910. As a teenager, he worked for a time in the Central Post
Office in Galway. His primary schooling was his only formal
education but his native learning was extensive. He was fully
versed in traditional poetry and stories from a young age. He
also read very widely. He composed a great deal of poetry
during his lifetime and among the collections which appeared
are: *Coinnle Geala* (1942), *Dánta Aniar* (1943), *Ó Mórna agus
Dánta Eile* (1957), *Ár Ré Dhearóil* (1962), *Ceacht an Éin* (1979),
Béasa an Túir (1984) agus *Craobhóg Dán* (1986). He is
considered to be among the most noted poets of the Irish
language in the 20th century. He died in 1988. In the following
short lyric, Ó Direáin criticises people for their hardness of
heart and lack of humility in the modern world. He says that
kindness is being shut out of people's lives just as doors were
closed in Mary's face the night Jesus was born. He assures her
that if she chooses to seek refuge in Aran that she will receive
a warm welcome in her hour of need.

Do you know, O Mary,
where you will go this year

seeking shelter
for your Holy Child,
when every door is
shut in His face
by the hatred and pride
of the human race?

Deign to accept
an invitation from me
to a sea-island
in the faraway West:
bright candles will be
lighting in every window
and a turf fire
on a flaming hearth.

48. Cuimhní Nollag

Máirtín Ó Direáin

Dán beag é seo ina bhfuil an chumha le brath go láidir. Crothnaíonn an file an Nollaig mar a bhí sí agus é ina ghasúr óg. Tá pian an chaillteanais ann freisin mar léiríonn sé go dtig leis an athrú a thagann ar shaol an duine ó idéalachas na hóige go dtí an ghéilliúlacht agus an cathú a bhíonn ar dhuine ina sheanaois, corruair, bheith an-trom ar dhaoine.

Is cuimhin liomsa Nollaigí
Nach bhfillfidh ar ais choíche,
Nuair a bhínn ag tarraingt gainimh
Is mulláin bheaga chladaigh
Is á scaradh os comhair an tí.

Is cuimhin liom an t-eidheann
Is an cuileann lena thaobh
Thuas ar bhallaí geala,
Is boladh cumhra an aoil.

Is cuimhin liom na coinnle
Lasta i bhfuinneoga,
Is gach áras ina lóchrann geal
Ag soilsiú an bhóthair do Chríost.

Anois ag triall ar bhóithre an doichill dom
Is na cuimhní úd do mo chrá,
B'fhearr liom go mór díchuimhne
Ná méadú ar mo chás.

[MÓDD, lch 25]

48. Christmas memories

Máirtín Ó Direáin

This is a short poem in which the poet's feelings of nostalgia are strongly expressed. He misses the kind of Christmases he spent as a boy. The pain of loss is apparent, too, as the poet reveals how the natural changes in life, from the idealism of youth to the resignation and regret that sometimes accompany old age, weigh heavily on some people.

I remember Christmases
which will never return,
when I used to draw sand
and tiny pebbles from the shore
and spread them in front of the house.

I remember the ivy
and the holly by its side
on bright walls
and the aromatic scent of the lime.

I remember the candles
lit up in windows,
and every house a bright torch
lighting the path for Christ.

Now as I tread unwelcoming paths
tormented by those memories,
I would much rather be forgetful
than try to improve my lot.

49. Crainn oíche sheaca

Máirtín Ó Direáin

Spreag radharc ar chrainn lomnocht oíche gheimhridh éigin an file chun an dán gairid seo a chumadh faoin gcrann céasta ar a bhfuair Críost bás. Cabhraíonn loime agus gontacht na teanga leis an bhfile íomhá thréigthe an radhairc a chur os comhair an léitheora.

Géag-uaigneach gach crann
Scartha leis an uile,
Íbirtchrot gach crann anocht
I bhfianaise na cruinne
Is é a dhínit a loime.

Samhail a bheirim do gach crann
Páischrann an chéasta,
Fíor ar gach crann a chím,
Géagscartha clíréabtha
Tréigthe ag an duine.

[MÓDD, lch 79]

49. Frost-night trees

Máirtín Ó Direáin

Seeing leafless trees one winter's night inspired the poet to write this short poem about the tree of crucifixion upon which Christ himself died. The bleak, terse style of the language he uses helps the poet to create for the reader the image of desolation and desertion that was the crucifixion scene.

Every tree is limb-lonely
cut off from everything,
tonight every tree is a sacrifice-shape
in the presence of creation
its bareness its dignity.

An image I call every tree
passion-tree of the crucifixion,
a figure on every tree I see,
limb-split and flesh-torn
abandoned by all.

50. Smaointe um thráthnóna
(Meitheamh 1940)

Is i mBaile Átha Cliath a rugadh Máire Mhac an tSaoi, ach chaith sí tréimhsí fada ina cónaí i gCorca Dhuibhne i gCo. Chiarraí. Rinne sí staidéar ar nua-theangacha agus ar an Léann Ceilteach in Ollscoil na hÉireann, Baile Átha Cliath, agus chaith sí tamall ag obair i Scoil an Léinn Cheiltigh san Institiúid Ard-Léinn. Tháinig sí go mór faoi thionchar uncail léi, an Monsignor Pádraig de Brún, a bhí ina scoláire Léinn Chlasaicigh agus teangacha. Tarraingíonn sí go tréan ar thraidisiún fhilíocht dhúchais na Gaeilge idir an fhilíocht chlasaiceach agus filíocht bhéil na Gaeltachta. Ceiliúrann an file áilleacht an domhain seo agus na cruthaitheachta sa dán thíos. Aithníonn sí, áfach, nach bhfuil againn ar an saol seo ach tamall gearr agus, mar a mheabhraíonn seirbhís na marbh dúinn: 'I lár na beatha, is sa bhás atáimid.'

Faoiseamh don anam aoibhneas na síochána,
Is is luachmhar san, an ciúnas ins an aer;
Rúndiamhair an tráthnóna briseann gáire
Linbh sa tseó, nó saltaireacht na n-éan.

Taibhsítear dom go bhfeicim den gcéad uair
Taithneamh na gréine ar shráid, is i ngarraí
Luisne an róis, is le teacht an teasa fuar
Áilleacht na gcrann nua-éileamh ar mo chroí.

Tuigim anois an stuamacht san nach linn,
D'oscail fuinneoga móra i seomraí
An tí seo a thóg foighne atá caillte againn,
Is a leath an doras fial i ndlúthfhallaí –

A Dhé, ní dílis linne atá neamhbhuan
Ach sciamh ná maireann. Suaimhneas so ar tír
Altaímse, is nach fios dom ach gur tuar
Teacht an uafáis ina rith an niamhracht 'chím.

[MS, lch 14]

50. Evening thoughts (June 1940)

Máire Mhac an tSaoi was born in Dublin but spent long periods of time living in the Corca Dhuibhne Gaeltacht in Co. Kerry. She studied modern languages and Celtic Studies at NUI, Dublin and worked for a while in the School of Celtic Studies in the Institute for Advanced Studies. She was greatly influenced by her uncle, Monsignor Pádraig de Brún, the noted classicist and scholar of languages. She draws heavily on the native poetic tradition of the Irish language using both the poetry of the classical period and the oral verse of the Gaeltacht in her work. The poet celebrates the beauty of the world and of creation in the poem below. She acknowledges, however, that we are only here in this life for a short time and as the service for the dead reminds us: 'In the midst of life, we are in death.'

An ease for the soul is the bliss of peace,
and that is precious, the stillness on the air;
the mystery of the evening is broken by the laughter
of a child at play, or the chanting birds.

I imagine that I see for the first time
sunshine on a street, and in a garden
the blush of a rose, and with the rising of the heat
the beauty of the trees makes a fresh claim on my heart.

I understand now that sensibility which is not ours,
which opened great windows in the rooms
of this house, requiring a patience we have lost,
and which opened wide the generous door in dense
     walls –

O Lord, we who are ephemeral are no more
than beauty which passes. For this tranquillity on land
I give thanks, and I do not know but that it is an omen
of the racing onslaught of horror, this beauty I behold.

51. I reilig na mban rialta

Is i mBaile Átha Cliath a tháinig Deirdre Brennan ar an saol. Chaith sí tréimhsí ama ina cónaí i gCluain Meala, i mBaile Átha Cliath agus i dTuaim. Tá sí ag cur fúithi i gCeatharlach ón bhliain 1964 i leith. Tá ceithre leabhar filíochta foilsithe i nGaeilge aici: *I Reilig na mBan Rialta* (1984), *Scothanna Geala* (1989), *Thar Cholbha na Mara* (1993) agus *Ag Mealladh Réalta* (2000). Foilsíodh dhá chnuasach dánta dá cuid i mBéarla: *The Hen Party* (2001) agus *Beneath Castles of White Sail* (2003). Agus í ar cuairt i reilig na mban rialta lá, tosaíonn an file ar mhachnamh faoin mbeatha agus faoin mbás. Is ceiliúradh ar an mbeatha é an dán seo agus, ag an am céanna, tá fiosracht an fhile i dtaca leis an mbás le feiceáil chomh maith sa dán beag machnaimh seo.

Crann faireach iúir
Ag greamú talún
Le fréamha camtha,
Reilig na mban rialta ina suan
Faoi scáth na hardeaglaise.
Croisíní dubha iarainn,
Fara dreoilíní,
Gan aird ar chloigíní
Rialaithe na beatha
Ná gártha na ndaltaí
Ón áit shúgartha ...
Trua liom sibh
Nach mbolaíonn arán úr
Nach bhfeiceann dreoilíní
Nach gcloiseann spáid Tom

I ngarraí na nglasraí.
Trua libh mise b'fhéidir
Gur cliabhán éan m'anam
Gan spéartha le heitilt.

[RBR, lch 7]

51. In the nuns' cemetery

Deirdre Brennan was born in Dublin. She has spent various periods of time living in Clonmel, Dublin and Tuam. She has been living in Carlow since 1964. Four collections of her poems have been published: *I Reilig na mBan Rialta* (1984), *Scothanna Geala* (1989), *Thar Cholbha na Mara* (1993) agus *Ag Mealladh Réalta* (2000). Two collections of poetry composed in English have also recently been published: *The Hen Party* (2001) agus *Beneath Castles of White Sail* (2003). Visiting a convent cemetery one day, the poet begins to reflect briefly on life and death. Although the poem is a celebration of life, the poet's curiosity about the meaning of death is also aroused in this short reflection.

A watchful yew tree
grips the ground
with twisted roots,
the nuns' cemetery sleeps
under the shade of the cathedral.
Small black iron crosses,
the roosting place of wrens,
pay no attention to the
regulating bells of life
or children's shouts

from the playground ...
I pity you
who can't smell fresh bread
can't see wrens
can't hear Tom's spade
in the vegetable garden.
Perhaps you pity me,
that my soul is bird-caged
without skies to fly.

[Translation by Deirdre Brennan]

52. Sceilig Mhichíl

Deirdre Brennan

Déantar saol an lae inniu agus an saol fadó a chur i gcomparáid lena chéile sa dán seo a leanas. Tugann an chuairt ar sheanionad spioradálta ar an bhfile machnamh a dhéanamh ar an saol a chaith na manaigh anseo. Tá sí sásta go bhfuil athsheilbh ag mná anois ar áit nach mbíodh ann fadó ach fir.

Cuirimid an aill dínn in airde
Ag céimniú cosán crochta na carraige
Ar nós lucht oilithrigh anallód
A thagadh ag déanamh aithrí
Murab ionann agus muidne – lán báid
De thurasóirí meidhreacha
Ag seoladh na dtonn ó Dhairbhre.

Amanta ar ár gceithre mboinn,
Nós plandaí ag breith greim barróige
Ar chreag faoi shéideán gaoithe,
Is baol dúinn breathnú
Ar bhorradh na farraige fúinn,
Ar stoirm-shneachta na bhfaoileán
Ina roithleán ar éadan na haille.

Déanaimid iontas de chiúnas an mhullaigh,
Den aireagal ar an aill,
Den sé chlochán cuachta le chéile
Inar lonnaigh na manaigh,
Den dá thobar bheannaithe,

Den stoirm in anam is i gcolainn
A thiomáin fir chun dul ar an uaigneas.

Duine ar dhuine suíomhnaíonn na mná
Cearta fearainn, ag croith'
A gcuid gruaige amach sa ghaoth.
An oiread san siocair pheaca, an oiread san
Ainmhianta smachtaithe múchta le fada
Tagtha le neadú idir na clocha anois
Ag tuirlingt mar phúicíní gaoithe
Is peadairíní stoirme ag filleadh ar a bpoill.

[AMR, lch 72]

52. Skellig Michael

Deirdre Brennan

In the following poem modern life and a style of life long
gone are bought briefly into contrast with one another. The
visit to an ancient spiritual site causes the poet to reflect on
the life of the monks who lived there and to feel a sense of
satisfaction that this place so much associated with these men
has been reclaimed by the presence of the women.

We clamber up the cliff,
scale a path overhanging the sea
where long-ago pilgrims came
to do penance, unlike us,
a boatful of carefree tourists
put to sea from Valentia.

At times, wind-buffeted,
on all fours, we cling
like rock-plants to the crag,
terrified to look down
at the sea-swell,
the blizzard of gulls
wheeling against the cliff-face.

We marvel at the quiet on the summit,
the oratory on the cliff-edge,
the six bee-hive huts
where the monks lived,
the two holy wells,
the storm in soul and body
that drove men to this solitude.

One by one, the women
establish territorial rights,
toss out their hair in the wind –
so many occasions of sin, so many
lusts of the flesh, banished for centuries
returned now to nest amongst the stones,
land like windhovers and storm petrels
returning to their holes.

[Translation by Deirdre Brennan]

53. Guímis

Rugadh Caitlín Maude i gCasla, Conamara, sa bhliain 1941. Múinteoir bunscoile ba ea a máthair. D'fhreastail sí ar Ollscoil na hÉireann, Gaillimh áit ar bhain sí céim amach sa Bhéarla, sa Ghaeilge, sa Fhraincis agus sa Mhatamaitic, agus chaith sí tréimhsí ag teagasc i nDún Dealgan, i gCill Dara agus i gCaisleán an Bharraigh ina dhiaidh sin. Bhí dúil mhór aici sa drámaíocht agus san amhránaíocht. Fuair sí bás ina bean óg sa bhliain 1982. Ba é Ciarán Ó Coigligh a chuir eagar ar a cuid filíochta sa bhliain 2005 sa leabhar *Caitlín Maude: Dánta, Drámaíocht agus Prós*. Is paidir í seo ar son an chine dhaonna.

A Chríost,
spáin d'éadan bán
arís i measc na ndaoine
ná tréig ... ná tréig ...
gidh tuillte tréigean –
tá tuile dhubh
ag scuabadh isteach
os cionn na ndaoine
á mbá ...
tá teas is fuacht
á gcrá ...

an óige fhearúil fhíochmhar
scafánta – tá spíonta –
briseadh géag is
briseadh fiacal
fuil is spíonadh
ag iarraidh

an mhíshástacht do-chloíte
a chloí ...

leithchéad – lena chois –
crá leithchéad blian
in éineacht
tá iomarcach
don té nár mhill ariamh
crá míosa na bliana
le carthanas ná dearmad
ach fóir, a Chríost,
an laige agus an fhulaingt
an síorchasadh
an síorphianadh
a fhágann ansin 'na sheasamh é
ina chonablach péine
ciaptha agus ag ciapadh
ar lorg sóláis ...

mise féin
chailleas radharc
mo shóláis is mo dhóchais
is mé ar mo bhionda
dá dtóraíocht –
coróin is duais
clúmhach is cumhracht
éad-choimrithe
go dtí gur mhór liom
só – slacht nó sonas
comharsan
go dtí go rabhas ag
stánadh isteach

– b'fhéidir amach –
as cúr scanraithe
– i mo ghealt i measc daoine –
go deimhin
ní chloíonn ceird an oilc
clann an oilc
uabhar ná díoltas ...

tuigim anois
gurb í bean na gruaige léithe
– bean na cuinge –
– bean na clainne –
an sólás
nach n-aithníonn pian ná faoiseamh
thar a chéile
ach a bheith sona –
i measc na n-ógfhear
bhfíochmhar
is na n-ógbhan
n-uaibhreach
is na bhfear liath
gcantalach –
is í an solas
an t-aon solas uaigneach
amháin
go síoraí ag iarraidh
an lóchrann a tharrtháil
ná ceil, a Chríost, do ghrásta
ardaigh arís do lámha
déan athnuachan
ar do bheannacht

go mbeidh do mháthair
– cuir in aimhréidh na blianta –
ina maighdean
'gus an chlann
ina n-aingle
ag déanamh gairdeachais
i dteach an athar ...

[CMD, lch 23]

53. Let us pray

Caitlín Maude was born in Casla, Conamara, in 1941. Her mother was a primary school teacher. She studied at the National University of Ireland, Galway where she was conferred with a degree in English, Irish, French and Mathematics, and she spent periods teaching in Dundalk, Kildare and Castlebar. She had a great interest in drama and singing. She died in 1982. Ciarán Ó Coigligh edited her poetry in a collection published in 2005 entitled *Caitlín Maude: Dánta, Drámaíocht agus Prós*. This poem is a prayer for humankind.

O Christ,
show your fair face
once more among the people
do not abandon ... do not abandon ...
though abandonment is deserved –
there is a black tide
sweeping in
over the people
drowning them ...
heat and cold
torturing them ...

The fierce, manly, strapping youth
– is spent –
the breaking of limbs and
the breaking of teeth
blood and exhaustion
vying
to conquer
the unconquerable frustration ...

Half a century – even more –
the torment of half a century
altogether
too much
for one who never destroyed
the yearly month-torment
through charity or neglect
but deliver, O Christ,
the weakness and the suffering
the unending pain
the unending torture
which leaves him standing there
a shell of pain
tormented and tormenting
yearning for solace ...

As for me
I lost sight of
my solace and my hope
though I did my best
to seek them out –
crown and prize
feather-down and fragrance
summed up in envy
till I craved
comfort – the neatness or happiness
of a neighbour
till I was
staring inwards
– perhaps outwards –
from a terrified froth

– a lunatic among people –
in fact
evil's craft does not overcome
evil's clan
pride or revenge ...

I understand now
that the grey-haired woman
– the woman of the yoke –
– the family woman –
is the solace
who recognises neither pain nor relief
one from the other
but to be happy –
among the wild
young men
and the proud
young women
and the cranky
grey men –
she is the light
the one single solitary
light
trying ceaselessly
to preserve the torch
do not conceal, O Christ, your grace
raise once again your hands
renew once more
your blessing
that your mother may
– roll back the years –

virgin be
and the family
as angels
rejoicing
in the father's house ...

54. Cúrsa spioradálta

Rugadh Máire Áine Nic Ghearailt in aice le Fionntrá, Co. Chiarraí. Tá tréimhsí caite aici ina cónaí i Luimneach agus i gCorcaigh, ach is i mBaile Átha Cliath atá sí lonnaithe anois. Cháiligh sí ina múinteoir bunscoile i gColáiste Mhuire gan Smál roimh di cúrsaí eile a dhéanamh i gColáiste Phádraig, Droim Conrach agus Ollscoil na hÉireann, Má Nuad. I measc na gcnuasach dánta dá cuid a foilsíodh go dtí seo tá: *Éiric Uachta* (1971), *An tUlchabhán agus Dánta Eile* (1990), *Leaca Liombó* (1990), *Mo Chúis Bheith Beo* (1991), *Ó Ceileadh an Bhreasaíl* (1992). Tá duaiseanna filíochta i gcomórtais an Oireachtais gnóthaithe ag cuid de na dánta a chum sí. Is liric bheag í seo ina bhfuil iontas na cruthaitheachta agus an bheatha féin á gceiliúradh ag an bhfile. Tarlaíonn sórt eipeafáine don fhile agus í ag amharc ar radharc coille lá éigin amuigh ag siúl – eipeafáine a shaibhríonn an tuiscint atá aici ar an saol thart timpeall uirthi agus a thugann brath breise ar a suaimhneas inmheánach di.

I gcúlráideacht na coille bige, thánathas ar radharc,
Folaithe ó thaistealaí an bhóthair,
Goirme na spéire i mboige na talún,
Scáil na gréine ag foirfiú an aoibhnis.

Deirge tráthnóna i bpócaí úra caonaigh,
Báine na scamall ciúine samhraidh,
Glaise na gcnoc lastall de raon na súl,
Comhtháthú na míne trína chéile.

Chualathas an armóin ar imeall na síochána,
Ceol ba bhinne ná an chláirseach;

Mionrudaí na coille ag ceiliúradh deireadh lae,
Srutháinín ag monabhar le fána.

Thánathas gan choinne ar mhothúcháin inniu,
Acmhainn a bhí ann ach a chuaigh as,
Croíbhrú ar chroí cloiche
Géilleadh agus tréigean mórchuid smaointe.

Ní raibh todhchaí ann ná stair,
Ní raibh ann ach an láithreach,
Sa láithreach seo bhí an uile ní
Is an uile ní cineálta.

[LL, lch 24]

54. Retreat

Máire Áine Nic Ghearailt was born near Ventry in Co. Kerry. She has lived in Limerick and Cork but now resides in Dublin. She qualified as a primary school teacher in Mary Immaculate College, Limerick, before completing other courses in St Patrick's College, Drumcondra and NUI, Maynooth. Published collections of her work include: *Éiric Uachta* (1971), *An tUlchabhán agus Dánta Eile* (1990), *Leaca Liombó* (1990), *Mo Chúis Bheith Beo* (1991), *Ó Ceileadh an Bhreasaíl* (1992). Her poems have won prizes in Oireachtas literary competitions. In the following short lyric, the poet celebrates the wonder of creation and of life itself. She experiences a kind of epiphany one day while out walking when she takes in a woodland scene – an epiphany which enriches her understanding of the world around her and brings her a heightened sense of inner peace.

In the seclusion of the small wood, I discovered a view,
hidden away from road-traveller,
the blue of the sky in the softness of the ground,
the sun's shadow making perfect the beauty.

Evening's redness in pockets of new moss,
the white of the quiet summer clouds,
the green of the hills beyond sight's range,
the fusion of the softness co-mingled.

I heard harmony on the edge of peace,
music sweeter still than the harp;
little woodland things celebrating day's end,
a sloping brook murmuring.

I discovered feelings unexpectedly today,
a capacity once there but which had disappeared,
contrition in a heart of stone
yielding and abandoning many thoughts.

There was no future there nor past,
nothing there but the present,
everything was in this presence
and everything was well.

55. Oíche Nollag Beag

Máire Áine Nic Ghearailt

Turas atá i gceist anseo – turas idir dhá dhomhan éagsúla mar atá, saol an fhile anois agus an saol a bhí aici fadó. Tá an chumha le brath go láidir ar an dán agus tá an file ag tnúthán le rud éigin a bhí aici tráth ach atá imithe anois go deo. Mothaíonn sí ar snámh gan stiúir ar uiscí an tsaoil nua agus go bhfuil sí féin, ar nós na dTrí Saoithe, "ar lorg réalt" a threoróidh go slán sábháilte ar ais go cé a hóige í.

> Ar bhóithrín na smaointe gabhaim siar
> I measc na gcnoc ina bhfuil an ciúnas
> Ar shleasa slé' tá coinneal fós
> Is a léas lastall dem chuansa
> Oíche na dTrí Ríthe
> Go ndéantaí fíon den uisce
> Um mheán oíche
> Oíche dheireanach na Nollag
> Fada siar mo chuimhne.
> Gach lochán fuar i gcumar trá
> Is lapadáil na taoide ann
> Gach bairneach docht i ndaingean
> Carraigeach na hoíche
> Gach fead caol bog, gach cnagarnach
> Istigh i measc na bhfiúise
> Gach torann docht in aghaidh an ché
> A chosnaíonn mo chroí –
> A cheanglann mo chéadfaí
> Anocht i gcathair iarlais.

Ar bhóithrín eispéarais gabhaim siar
Ag súil go mbuailfead le tobar fíona
Le go raghad ar meisce is ar mire
Le síocháin.
Táimse freisin ar lorg réalt
A lonraíonn is a stadann
Os cionn na treibhe ar díobh mé
Adhraim ansiúd an chumhacht
Infhillte sa ghaoth,
A shéideann thar na beanna arda
Aniar ó thimpeallacht shíoraí.

[LL, lch 32]

55. Little Christmas Eve

Máire Áine Nic Ghearailt

There is a journey involved in this poem – a journey between two different worlds, the world the poet lives in now and the one she remembers from her youth. There is an intense feeling of nostalgia in the poem, and the poet yearns for something which she once had but can never again experience. She feels adrift and rudderless on the waters of the modern world and, like the Magi, is "looking for a star" which will guide her safely to the sanctuary of her youth.

I wander down memory lane
among hills where silence exists
on hillside slopes there is a candle still
and its light is beyond my place of refuge
on the eve of the Epiphany

when from water wine used be made
at midnight
on the last night of Christmas
as far back as I can remember.
Every cold puddle on ribbed beach
and the lapping of the tide there
every limpet firmly fixed in
the rocky fortress of night
every shrill soft whistle, every rustle
in among the fuschia
each hard noise against the quay
which protects my heart –
which binds my senses
tonight in a spellbound city.

I wander down the path of experience
hoping to encounter a well of wine
that I might go drinking and be crazy
with peace.
I too am looking for a star
which shines and stops
over my own people
I worship there the power
wielded by the wind,
which blows over the high peaks
from the eternal regions in the west.

56. Féile Chorp Chríost

Corcaíoch is ea Liam Ó Muirthile. Cuireadh oideachas in Ollscoil na hÉireann Corcaigh air, áit a raibh sé ina bhall de mheitheal filí INNTI. Iriseoir gairmiúil is ea é a bhfuil tréimhsí caite aige ag obair do RTÉ agus *The Irish Times*. Foilsíodh a chéad chnuasach dánta, *Tine Chnámh*, sa bhliain 1984 agus cuireadh cúpla ceann eile amach ina dhiaidh sin, mar atá *Dialann Bóthair* (1992) agus *Walking Time agus Dánta Eile* (2000). Foilsíodh úrscéal leis, *Ar Bhruach na Laoi*, sa bhliain 1995 agus na drámaí *Fear an Tae* (1995) agus *Liodán na hAbhann* (1999) chomh maith leis sin. Tháinig scéal fáthchiallach leis, *Gaothán*, amach in 2000. Tá sé ina bhall d'Aosdána. Fiosraíonn an dán seo a leanas an chuisle spioradálta atá ag cuid mhór daoine, ach nach bhfreastalaíonn an creideamh institiúideach i gcónaí uirthi.

Is in aeráid éigin eile
a ceapadh an pharáid seo
Corp Chríost a thabhairt ar mhórshiúl;

samhlaím é ag baile
ag siúl anuas sráid chúng mheánmharach
teas na gréine á mhuirniú nóiméad ag cúinní cearnóg.

Nó Críost an turasóir anaithnid
ach a phas stampáilte go fuarchúiseach
ag fir chustaim gléasta mar ba chóir.

Ach an pharáid stracaithe seo
coiscéimeanna as tiúin, stadach, báisteach ag bagairt,
deineann sé de gach teach ag gabháil thairis altóir.

Is na tráthnóintí brúite óige
lag le teas, greamaithe de shuíochán i gcúl cairr
is guth as láthair sagairt i mbeola *tannoy,*

an rabhadar ar fad in aisce
nó an leor gur mhair i dtaisce
mothúcháin measctha le creideamh is cuimhne
    míchompoird?

Thugamar droim láimhe fadó riamh
nuair a dhúisigh an corp
dá spioradáltacht stálaithe díphutógach,

ach féach anois gur dhúisigh
Corp Chríost nocht á iompar go tuathalach
míshuaimhneas arís ionat.

[TC, lch 40]

56. The Feast of *Corpus Christi*

Liam Ó Muirthile was born in Cork. He studied at NUI, Cork
where he was a member of the INNTI group of poets. He is
a professional writer and journalist who has spent periods
working with RTÉ and *The Irish Times.* His first collection of
poems, *Tine Chnámh* was published in 1984 and several others
followed after that, *Dialann Bóthair* (1992) agus *Walking Time
agus Dánta Eile* (2000). His novel, *Ar Bhruach na Laoi* appeared
in 1995 and was followed by the plays *Fear an Tae* (1995) agus
Liodán na hAbhann (1999). The prose allegory, *Gaothán,* was
published in 2000. He is a member of Aosdána. The following
poem explores the spiritual core many people have, but which
does not always find expression in organised religion.

Surely this procession
filed out of another zone,
Christ's body borne aloft.

I imagine the parade at home
descending a narrow Mediterranean street,
the sun massaging it at piazza corners.

Christ, an anonymous tourist,
has his passport stamped indifferently
by customs men dressed for the job.

But this sorry cortege, staggering
out of kilter, threatened by rain,
makes an altar of every house it passes.

Were they all in vain: those sweltering days,
melting on sticky car seats,
the priest droning from a tannoy gob?

Is this all we're left: a welter
of simmering emotion stirred up
with a pinch of belief?

We woke to our bodies long ago,
shut the door
on that stale, gutted spirituality.

But behold the bared body
of Christ, awkwardly borne,
unsettling us once more.

[Translation by Greg Delanty]

57. Aoine an Chéasta

Liam Ó Muirthile

Tá an dán seo lonnaithe i nGleann dá Loch Aoine an Chéasta. Is geall le hathstáitsiú eachtraí an lae sin é, ach i gcuimhne agus i meabhair an fhile féin. Tá eilimint den *compositio loci* i gceist mar a gcuireann an file é féin in áit Chríost d'fhonn meon Chríost an lá sin a bhlaiseadh ar bhealach níos doimhne. Is é croí an dáin páis phearsanta an fhile, rud a bhfuil sé ag streachailt leis agus é amuigh ag siúl trí cheann de na suíomhanna manachúla is ársa dá bhfuil in Éirinn. Is é an cur le hais a chéile sa dán an dá Chalbhaire atá i gceist ag an bhfile, a thugann a bhuairt féin chomh maith sin chun léire.

Ag dífháscadh dom i radharc easa i lár gleanna
táim i gcéin ón titim shíoraí is ba mhaith liom
bheith i gcóngar;

Fócasaíonn mo radharc ar an rás bán go dtí an linn
dubh a thraochann gach braon is a imíonn go ciúin
i dtreo an tsuaimhnis;

Sa sruthchúrsa caoinfhulangach sula n-eisíonn i
dtobainne
a lorgaím an bruach ag an gcúinne sin ag sní
thar charraig aonair;

Tá líneáil ghorm ar an gcloch eibhir a roghnaím
ón uisce a bheith ag gabháil de shíor go caoin
dá héadan;

San iomlán an ghlóraíl bhreá, an t-imeacht gan
   staonadh;
tá duine thuas níos faide sa chúrsa ag scagadh óir
san áit nach léimeann;

Cuirim díom ag siúl suas in aghaidh an aird;
a Chríost, is tú ag fáil bháis, ceol na n-éan,
is mé ag rith le fána;

Seo liom suas is anuas trí bhabhta ar a laghad
an líon uair a thitis-se, a Chríost, ar an slí chruaidh
go Calbhaire;

Seolaim liom síos isteach sa ghleann cois abhann;
sular chaithis bás a fháil chaithis fulaingt, a Chríost,
ar Chrann na Páise;

Deoch ar son Dé! Is le seanbhlas fínéagar
a fuairis-se, a Chríost, chaithis é thógaint
ar Chrann na Páise;

I nGleann Dá Loch faoi ghrian órga an tráthnóna
táim báite i bhfuarallas cois leac reilige
a Chríost, fóir orm.

[TC, lch 78]

57. Good Friday

Liam Ó Muirthile

The poet sites this poem in Glendalough on Good Friday. It is almost like a re-enactment of the events of the first Good Friday except that they are relived in the memory and mind of the poet himself. There is an element of *compositio loci* involved as the poet puts himself in Christ's position on the day and tries to imagine his state of mind in a deeper way. The core of the poem is the poet's own personal passion, with which he grapples while out walking in one of the most ancient sites of Celtic monasticism. The juxtaposition of the two Calvaries in this manner brings into stark relief the poet's anguish.

Coming down I'm mesmerized by the fall
of the waterfall smack
in the middle of the valley.

I home in on the white race to the dark
pool, every drop over-
whelmed, become tranquillity.

I head for the line where the water
transmutes to white as it flows over
a rock.

I pick out the moss-lined stone,
the water endlessly caressing
its brow.

A man pans for gold further upstream,
at a quiet turn
from this cataract, this torrent.

I head up the sloping bank.
Christ, your spirit expires as birds sing.
I fall down the incline.

I'm down and up again
at least the same number of times
you fell on Calvary.

You had to suffer, Christ,
on the Agony Tree
before you were set free.

For Christ's sake, a drink, vinegar
is what you had to take
on the stake.

In Glendalough under a gold sun
I break out in a cold sweat.
O Christ, deliver me.

[Translation by Greg Delanty]

58. Na súile uaine

Rugadh Nuala Ní Dhomhnaill i Lancashire Shasana ach is i nGaeltacht Chorca Dhuibhne a tógadh í ó aois a cúig bliana di, áfach. D'fhreastail sí ar Ollscoil na hÉireann, Corcaigh áit a raibh sí ina ball gníomhach den mheitheal ógfhilí, INNTI. Chaith sí tréimhse ina cónaí sa Tuirc ach d'fhill sí ar Éirinn in 1980. Tá cónaí anois i mBaile Átha Cliath uirthi. Tá tréimhsí caite aici mar Scríbhneoir Cónaithe in ollscoileanna agus i leabharlanna ar fud na hÉireann agus thar lear. Tá roinnt mhaith cnuasach filíochta foilsithe i nGaeilge aici: *An Dealg Droighin* (1981), *Féar Suaithinseach* (1984), *Feis* (1991), agus *Cead Aighnis* (1998). Is iad *Selected Poems* (1986), *Pharaoh's Daughter* (1990), *The Astrakhan Cloak* (1992) agus *The Water Horse* (1999) na príomhchnuasaigh dánta aistrithe léi atá ar fáil i mBéarla. Is dócha gurb é nádúr an duine ina iomláine atá i gceist sa dán seo – go háirithe an chuid sin di a bhaineann leis an taobh dorcha den duine. Ach is é meon an fhile sa chás seo go raibh an taobh sin i gcónaí ann, fiú sula raibh nathair nimhe i nGairdín Pharthais, ach gur i gcothroime leis an taobh geal a bhí sé. Measaim go gceapann an file anois ó rinneadh teagasc dogmach oifigiúil den fhírinne sin, go bhfuil an iomarca béime ar an taobh dorcha agus go bhfuil an chothroime thábhachtach sin ar sceabha.

Sular ghliúc
súile uaine
an nathar nimhe
san uaigneas

bhí rincí fada Andalúiseacha
cíortha cnáimh

is gúnaí tafata
ag déanamh glóir
mar thor cabáiste
sular ghliúc na súile uaine.

Sular lúb sé
lúb na lúibe
síos ar bhrainse
na n-úll cumhra

bhí hataí péacacha
faoi chleití piasún
is bataí droighin
faoi lámhchrainn éabhair
bhí cailí láis
is drithliú ar éadach
sular lúb sé síos ar ghéag ann.

Sular ith sé
greim den úll ann

bhí cnaipí ag oscailt
i ndiaidh a chéile
bhí cabhail á nochtadh
faoi scáilí oíche
bhí gruaig rua
ar gach lánúin ann
is iad ag péinteáil breicní
ar a chéile
le gathanna gréine;
ag miongháirí
sular bhain sé greim den úll ann.

Ach anois
tá an greim bainte
an t-úll ite
an chnuimh ginte
ár gcosa nite
is táimid luite
sa dorchadas síoraí
mar a bhfuil gol is gárthaíl
is díoscán fiacal
go heireaball timpeall.

[DDr, lch 90]

58. The green eyes

Nuala Ní Dhomhnaill was born in Lancashire in England. From the age of five, however, she was brought up in the Corca Dhuibhne Gaeltacht. She went to university in NUI, Cork where she was an active and prominent member of the INNTI group of young poets. Having lived in Turkey for a while, she returned to Ireland in 1980 and now lives in Dublin. She has spent periods as Writer in Residence in universities and in libraries in Ireland and abroad. She has published a number of collections in Irish which include: *An Dealg Droighin* (1981), *Féar Suaithinseach* (1984), *Feis* (1991), agus *Cead Aighnis* (1998). The main collections of her translated work are *Selected Poems* (1986), *Pharaoh's Daughter* (1990), *The Astrakhan Cloak* (1992) agus *The Water Horse* (1999). It appears that the poet is treating of human nature in its entirety in this poem – especially its dark side. The poet's view in this case, however, seems to be that this dark side was always there, even before the serpent in the Garden of Eden, but that it was in balance with the bright side of human nature. The poet may feel that since official dogmas were made of this eternal truth, there is now too much emphasis on the dark side and that precious balance has been upset.

Before
the green eyes
of the serpent
peered in the solitude

there were long Andalusian dances
bone combs
and taffeta dresses

making noise
like a cabbage head
before the green eyes peered.

Before he wreathed
a loop-the-loop
down onto the branch
of fragrant apples

there were peaked caps
with pheasant feathers
and blackthorn sticks
with ivory handles
there were veils of lace
and sparkling clothes
before he wreathed down on a limb.

Before he took
a bite of the apple

buttons were being opened
one after the other
bodies were being exposed
under night shadows
every couple there
was red-haired
and they painted freckles
on each other
with sunbeams;
smiling
before he even took a bite of the apple.

But now
the bite has been taken
the apple eaten
the maggot conceived
we are done for
and we have been laid
in the eternal darkness
where there is weeping and wailing
and the gnashing of teeth
ad infinitum.

59. Dán do Mhelissa

Nuala Ní Dhomhnaill

Tá dán scríofa ag an bhfile dá hiníon agus is 'lúireach' nua-aoiseach ar bhealach é. Is paidir chosanta de chuid na máthar dá hiníon mar sciath in éadan doircheacht an tsaoil é, ach is ráiteas idéalach freisin é ar an tslí ba mhaith léi an domhan ina maireann a hiníon a bheith.

Mo Pháistín Fionn ag rince i gcroí na duimhche,
ribín i do cheann is fáinní óir ar do mhéaranta
duitse nach bhfuil fós ach a cúig nó a sé do bhlianta
tíolacaim gach a bhfuil sa domhan mín mín.

An gearrcach éin ag léimt as tóin na nide
an feileastram ag péacadh sa díog,
an portán glas ag siúl fiarsceabhach go néata,
is leatsa iad le tabhairt faoi ndeara, a iníon.

Bheadh an damh ag súgradh leis an madra allta
an naíonán ag gleáchas leis an nathair nimhe,
luífeadh an leon leis an uan caorach
sa domhan úrnua a bhronnfainn ort mín mín.

Bheadh geataí an ghairdín ar leathadh go moch is go
      déanach,
ní bheadh claimhte lasrach á fhearadh ag Ceiribín,
níor ghá dhuit duilliúr fige mar naprún íochtair
sa domhan úrnua a bhronnfainn ort mín mín.

A iníon bhán, seo dearbhú ó do mháithrín
go mbeirim ar láimh duit an ghealach is an ghrian

is go seasfainn le mo chorp idir dhá bhró an mhuilinn
i muilte Dé chun nach meilfí tú mín mín.

[FS, lch 104]

59. A poem for Melissa

Nuala Ní Dhomhnaill

The poet has written a poem for her daughter and it is a kind
of modern-day 'breastplate'. It is at once a prayer of protection
for her daughter, a shield against the darkness of the world,
and also an idealistic statement of how she would like the
world her daughter lives in to be.

O little fair one dancing in the heart of the sand-dune,
a ribbon in your hair and gold rings on your fingers
on you who are not yet but five or six years
I bestow everything in this world fine fine.

The fledgling bird jumping up from the bottom of
        the nest
the wild iris sprouting out of the ditch,
the green crab walking neatly askew,
they are yours to notice, little one.

The ox would cavort with the wolf
the infant would play with the serpent,
the lion would lie down with the lamb
in this fresh new world I would grant to you fine fine.

The garden gates would lie wide open from dawn till dusk,
Cherebus would wield no flaming swords,

you would need no fig leaf for loincloth
in this fresh new world I would grant to you fine fine.

O darling little one, here is a promise from your mother:
that I bestow on you moon and sun
and that I would stand between the two grindstones
in God's mills so that you would not be ground fine fine.

60. Lá Chéad Chomaoineach

Nuala Ní Dhomhnaill

Tá an dán seo an-phearsanta ar fad. Cuimhní cinn máthar agus í ag machnamh ar Chéad Chomaoineach a híníne. Nochtar an choimhlint inmheánach in anam an duine agus an chumhacht threascrach a bhíonn ag an saol ar an spiorad daonna. Léirítear buairt aigne agus crá croí na máthar ar bhealach cruinn follasach, agus tá an chontrárthacht idir é sin agus soineantacht an chailín óig an-láidir ar fad.

Ar ndóigh táimid déanach. Sleamhnaímid isteach sa
    phiú deireanach
i mbun an tsáipéil, an cailín beag sa ghúna bán ar an ngrua.
Tá an t–iomann iontrála thart is daoine ag rá an
    ghnímh aithrí:
A Thiarna déan trócaire, éist le mo ghuí is ná stop
    do chluais.

Sliochtanna as an mBíobla, an Chré is an Phaidir
    Eocaraisteach,
gaibheann siad trím chroí ar eiteoga, mar ghlór toirní
    i stoirm.
Tá an cór ag canadh "Hósana ins na hardaibh",
gur ag Críost an síol, is ina iothlann go dtugtar sinn.

Is tá mórshiúl Comaoineach de gharsúin is de
    ghearrchailí beaga
ina ngúnaí cadáis nó a gcultacha le *rosette* is bonn
ar chuma ealta mhín mhacánta d'éanlaithe feirme
á seoladh faoin bhfásach gan tréadaí ná aoire ina mbun.

Agus is mise an bhean go dubhach ag áireamh a cuid
   géanna sa mbealach,
ag gol is ag gárthaíl, ag lógóireacht don méid a théann
   ar fán,
iad á stracadh ó chéile ag sionnaigh is mictíre ár linne –
an tsaint, druganna, ailse, gnáthghníomhartha fill is
   timpistí gluaisteán.

Deinim seó bóthair dínn. Tarrac beag mear ar mo
   sciorta.
"A Mhaimí, a Mhaimí, canathaobh go bhfuileann tú
   ag gol?"
Insím deargéitheach: "Toisc go bhfuil mo chroí
   ag pléascadh
le teann bróid is mórtais ar lá do chomaoineach,
   a chuid,"

mar ag féachaint ar an ealta bhán de chailíní beaga,
gach duine acu ina coinnleoir óir ar bhord na banríona,
conas a inseod di i dtaobh an tsaoil atá roimpi,
i dtaobh na doircheachta go gcaithfidh sí siúl tríd

ina haonar, de mo dheargainneoin, is le mo
   neamhthoil?

[F, lch 25]

60. First Communion Day

Nuala Ní Dhomhnaill

This is a very personal poem, a mother's thoughts on her
daughter's First Communion Day. The internal clash in the
human soul and the overpowering influence of life on the
human spirit are revealed. The mother's worry and mental
anguish are accurately and clearly portrayed, and the contrast
between that and the innocence of the young girl is very
striking indeed.

> We are late of course. We slip into the last pew
> at the back of the chapel, the little girl in the dress
>   pale-cheeked.
> The entrance hymn is over and people are reciting the
>   Confiteor:
> Lord, have mercy, hear my prayer and close not your ear.
>
> Passages from the Bible, the Creed and the Eucharistic
>   Prayer,
> on wings they pierce my heart, as thunder-claps in a
>   storm.
> The choir is singing "Hosanna in the highest",
> that Christ's is the seed and that into his barn we may
>   all be brought.
>
> And the Communion procession of little boys and girls
> in their cotton dresses or their suits with rosette and
>   medal
> is like a flock of meek, gentle farm-birds

being let out into the wilderness with neither herdsman
    nor shepherd in charge.

And I am the woman soberly counting her geese on the
    way,
crying and weeping, lamenting those who go astray,
they who are torn apart by the foxes and wolves of our
    time
 – greed, drugs, cancer, everyday deeds of deceit and car
    accidents.

I make a right show of us. A small sharp tug on my
    dress.
"Mammy, mammy, why are you crying?"
I tell a complete lie: "Because my heart is bursting
with pure pride and joy on your communion day, pet,"

because looking at the white flock of little girls,
each one of them a gold candelabrum on the queen's
    table,
how could I tell her about the life ahead of her,
about the darkness through which she will have to walk

alone, despite my very best efforts, and against my will?

61. Aistear

Nuala Ní Dhomhnaill

Ceiliúradh ar chreideamh ársa na nGael ó aimsir Phádraig anuas
go dtí ár linn féin atá sa dán seo a leanas. Fiú má tá athruithe
tar éis teacht ar an gceideamh céanna agus ar an bpobal a
chleachtann é, tá sé chomh láidir céanna ina bhealach féin is a
bhí riamh. B'fhéidir gurb é an rud is suimiúla faoin dán seo
nach é an creideamh féin nó rialacha agus teagasc an chreidimh
sin is tábhachtaí, ach an t-aistear anama nó an turas spioradálta
a dhéanann an duine ag gabháil trí ghleann seo na ndeor.

Lá 'le Pádraig, 1997

A Phádraig,
is fada an aistear againn é
ó Choill Fhochlaid atá in aice na farraige thiar.

Bhí linn ar dtúis
ach ansan do chuaigh an saol is an aimsir
go mór inár gcoinnibh.
Chaitheamair gabháil de dhair le doirnibh,
gad a chur um ghaineamh,
is ór buí a shníomh i dtuirní briste
as tuí na ngarraithe,
plúr na mban is na bhfear á seoladh thar lear orainn
is sinn fágtha go hatuirseach
bró mhuilinn á iompó le gach deoir againn.

B'ionann is gabháil tríd an Mhuir Rua
costirim is nochtaithe
ár dteacht i dtír in aon chor.

Deir siad go bhfuil fuar againn;
gur turas in aistear é
ár dturas go dtí seo;
ag snámh de shíor i gcoinne an easa choitianta
atá ag géimneach go hard inár gcluasa.

Deir siad
go sníomhann gach sruth le fánaidh
is sa deireadh
go gcaithimíd tabhairt isteach is géilleadh
do riachtanaisí an tsaoil réadaigh.

Ach tá dearmad orthu.
Chonaicís-se leis na rudaí a tharla
i gcoinne an oird nádúrtha;
an cailín ag treasnú abhainn an tSuca
gan a bróga a fhliuchadh:
tusa ag ísliú dream an díomais
is na draoithe dúra gan aon mhaith:
Is i ndeargainneoin Rí Teamhrach
do lasais an tine Chásca ar Chnoc Sláine
nár múchadh riamh ó shin a toit ná a bladhmann.

[CA, lch 36]

61. Journey

Nuala Ní Dhomhnaill

This poem is a celebration of the ancient faith of the Irish from its arrival with Patrick to its present-day form. Even if this same faith and those who practise it have changed over the centuries, it is as strong now in its own way as it ever was. What is probably most interesting about this poem is the fact that perhaps it is not the rules or the teaching of the faith which are most important, but the journey of the soul or the spiritual pilgrimage which each one makes as he/she travels through this vale of tears.

St. Patrick's Day, 1997

O Patrick,
ours was a long journey
from Achill Wood on western sea-shore.

We did well at first
but then world and weather turned
greatly against us.
We had to set about oak with fists,
collect sand with rope,
and weave yellow gold in broken spinning-wheels
out of garden thatch,
sending the finest women and men abroad
while we remained exhausted here
a grindstone turned with our every tear.

It was almost like passing through the Red Sea
dryshod and naked
our having arrived on land at all.

They say it is a waste of time;
that in vain
our journey thus far has been;
swimming always against the common tide
which roars loudly in our ears.

They say
that every brook runs downstream
and that in the end
we must give in and yield
to the demands of the real world.

But they are mistaken.
You yourself saw the things that occurred
against the natural order;
the girl crossing the River Suck
without wetting her shoes:
you humbling the arrogant
and the good-for-nothing dour druids:
And in spite of the King of Tara
you kindled the Paschal fire on the Hill of Slane
whose smoke and flame have never yet been
    extinguished.

62. Adhradh

Léachtóir, iriseoir agus scríbhneoir í Áine Ní Ghlinn. Chaith sí roinnt blianta mar iriseoir le Raidió na Gaeltachta agus le RTÉ, tamall eile de bhlianta ag léachtóireacht in Ollscoil Chathair Bhaile Átha Cliath agus cúpla bliain ag scríobh don dráma teilifíse *Ros na Rún* ar TG4. Tá dhá chnuasach filíochta curtha amach i nGaeilge aici: *An Chéim Bhriste* (1984) agus *Gairdín Pharthais* (1988). Foilsíodh cnuasach dátheangach léi, *Deora nár Caoineadh/Unshed Tears*, sa bhliain 1996. Léiríonn Áine Ní Ghlinn dearcadh faoin gcreideamh agus faoin Eaglais sa dán seo atá ag go leor daoine sa lá atá inniu ann. Is dearcadh é a bhíonn ag daoine a mhothaíonn ar imeall na hEaglaise nó dúnta amach aisti ar fad. Ní mhothaíonn siad i gcomaoin leis an Eaglais ach braitheann siad go hiomlán i gcomaoin le Dia. Do dhaoine mar seo níl san Eaglais ach institiúid nach bhfuil le fáil ann ach "fuaramharc péinteáilte".

Ní féidir liom tú 'adhradh
mar ar creachadh cloch ag siséal
mar ar fhuadaigh casúr géag.

Ceiliúrfad m'aifreann féin cois cladaigh
in íomhánna a ghin an Chéad Saor Cloch
sular dhein fear siséal is ord.

Beadsa do d'adhradh sna coillte
in íomhánna a bhí gan teimheal
nó gur dhein fear casúr is tairní.

Ceiliúrfad m'aifreann féin faoin spéir
toisc nach féidir liom tú 'adhradh
i bhfuaramharc péinteáilte an tséipéil.

[GP, lch 16]

62. Worship

Áine Ní Ghlinn is a lecturer, journalist and writer. She has spent time working with both Raidió na Gaeltachta and RTÉ, lecturing in Dublin City University and writing for TG4's television drama series *Ros na Rún*. She has written two collections of poetry in Irish: *An Chéim Bhriste* (1984) and *Gairdín Pharthais* (1988). A bilingual collection of poems, *Deora nár Caoineadh/Unshed Tears* appeared in 1996. Áine Ní Ghlinn reveals a view of faith and the Church in this poem, which is shared by a growing number of people nowadays. It is a view held by many who feel marginalised or totally isolated by the Church. They are people who do not feel at one with the Church but who do feel at one with God. For many such as these, the Church is no more than an institution of "cold painted idols".

I cannot worship you
where hammer and chisel
have ravaged branch and stone

I'll celebrate my mass by the seashore
where statues shaped by the first stonemason
are still unscarred by chisel or sledge

I'll worship you in the woods
in images that stood untarnished
until man forged hammer and nail

I'll celebrate my mass under the sky
I cannot worship you
in the cold painted idols of the church

[Translation by Áine Ní Ghlinn]

63. An tAngelus

Rugadh Cathal Ó Searcaigh i gCloich Cheannfhaola i nGaeltacht Dhún na nGall. D'fhreastail sé ar Ollscoil Luimnigh agus ar Ollscoil na hÉireann, Má Nuad. Chaith sé seal ag obair in RTÉ, agus tá tréimhsí curtha isteach aige mar Scríbhneoir Cónaithe in institiúidí tríú leibhéal ar fud na hÉireann. Cuireann sé suim mhór sa taisteal – go háirithe san oirthear. I measc na mbailiúchán dánta atá foilsithe aige tá: *Súile Shuibhne* (1983), *Suibhne* (1987), *An Bealach 'na Bhaile/Homecoming* (1993), *Out in the Open* (1997) agus *Ag Tnúth leis an tSolas* (2000). Foilsíodh dialann taistil leis, *Seal i Neipeal*, le Cló Iar-Chonnachta sa bhliain 2004. Tá macalla Beinidicteach sa liric bheag seo ina ndéanann Ó Searcaigh ceangal an-dlúth idir an obair agus an ghuí. Tá fealsúnacht *laborare est orare* na mBeinidicteach i gceist go mór leis an dán seo. Tabharfaidh an obair mhaith a toradh féin uaithi – idir thoradh saolta agus thoradh spioradálta.

An spéir ar dhath ór Mhuire
tráthnóna earraigh i nDún Lúiche

agus sollúntacht i ngach cuibhreann
a bhfuiltear i mbun dualgais ann

nuair a bhuail aingeal ón tséipéal anall
slánaíodh an síol i ngach ball.

[ATS, lch 89]

63. The Angelus

Cathal Ó Searcaigh was born in Cloghaneely in the Donegal Gaeltacht. He studied at the University of Limerick and at NUI, Maynooth. He worked for RTÉ and has been employed as Writer in Residence in a number of third-level institutions throughout Ireland. Travel is a consuming passion with him – particularly in the East. Among the collections of his poetry which have been published are: *Súile Shuibhne* (1983), *Suibhne* (1987), *An Bealach 'na Bhaile/Homecoming* (1993), *Out in the Open* (1997) agus *Ag Tnúth leis an tSolas* (2000). His travel diary, *Seal i Neipeal*, was published by Cló Iar-Chonnachta in 2004. There is something almost Benedictine about this short lyric in which Ó Searcaigh draws close ties between prayer and work. The Benedictine philosophy *laborare est orare* ('to work is to pray') pervades the poem. The labour will bring forth its own reward – both spiritual and temporal.

The sky is the colour of marigold
a spring afternoon in Dún Lúiche

and there is a solemnity in every field
where the work is under way

when the Angelus bell rang out from the chapel beyond
everywhere was the seed made whole.

64. Transubstaintiú

Cathal Ó Searcaigh

Chuir an dán beag seo Julian of Norwich i gcuimhne dom an chéad uair a léigh mé é as bua shimplíocht na teanga atá ann. Tá an dán seo ag streachailt ar bhealach an–ghonta le teagasc dogmach atá casta agus dian, ach is dóigh liom gur sa dá líne dheireanacha atá fuascailt áirithe ar an deacracht. Mheabhraigh sé líne as litir Naomh Pól chuig na Colosaigh (2:17) dom: "Níl iontu seo ach scáil i gcomórtas lena bhfuil le teacht; ach is le Críost an corp a chaitheas an scáil sin roimhe."

Idir an smaoineamh agus an briathar
tá dúichí oighir agus ceo.

Ach beidh mise le mo bheo
ag cascairt an tseaca, ag scaipeadh an cheo

ag gríosadh is ag grianadh
le gaetha tintrí mo chroí

ionas go dtiocfaidh tú fós i mbláth,
tusa nach bhfuil ionat ach scáil.

[ATS, lch 102]

64. Transubstantiation

Cathal Ó Searcaigh

This poem reminded me of the teachings of Julian of Norwich the first time I read it because of the gift of its simplicity of language. The poem struggles in a very pithy way with a dogma that is difficult and awkward, but I think that there is a *dénouement* in the final two lines. It also reminded me of a line from St Paul's Letter to the Colossians (2:17): "These are only a shadow of what is to come; but the substance belongs to Christ."

Between the thought and the word
are tracts of ice and mist.

But as long as I live I will
thaw the ice, dispel the mist;

rousing and sunning
with my heart's lightning bolts

so that you might yet come into bloom,
you who are naught but shadow.

65. Tearmann

Cathal Ó Searcaigh

Is é brí an dáin seo, amhail Dán 62 ('Adhradh'), nach mothaíonn an file ar a shuaimhneas le creideamh na hEaglaise institiúidí. Is i míorúilt na beatha agus na cruthaitheachta atá an FíorDhia le feiceáil, agus is ansin is féidir dul i gcomaoin agus i ndlúthchaidreamh leis. Is dócha go mbraitheann Ó Searcaigh gurb iad rialacha iomadúla na hEaglaise a cheileann an creideamh ar an bpobal. B'fhearr leis féin go ligfí do dhaoine iontas an chreidimh a bhlaiseadh sa domhan a chruthaigh Dia thart orthu, ná bheith ag tabhairt orthu díriú ar an gcreideamh oifigiúil.

Do Heather Allen

Istigh anseo in ísleán an tsléibhe
tá sé níos suaimhní ná séipéal tuaithe.
Siúlaim, bearád i bpóca, go tostach
síos cairpéad caonaigh na pasáide,
síos idir na piúnna tortógacha,
is ag ardán na haltóra, seasaim bomaite,
is breochán beag gaoithe – an cléireach –
ag croitheadh túise fraoigh ar fud na háite.

Ach i séipéal seo an tsléibhe níl trácht
ar riail ná ar reacht is ní bhím cráite
ag cráifeacht bhorb na puilpide
ag bagairt léin ar lucht na hearráide.
Ní Dia na nDeor ná Dia na nDealg
Dia na Tíorántachta ná Dia na Trócaire

an Dia seo ar a bhfuil mé anois ag faire
ach Dia gur cuma leis mo chabhair nó mo chealg.

Anseo is lena bheatha seachas lena bhriathra
a chuireann cibé Dia atá ann é féin in iúl;
gan aird aige ar chomharthaí ómóis ach oiread le haltú.
Foinse gach fuinnimh. Cruthaitheoir na nDúl.
Is leor leis a bheith ag borradh, ag bláthú
is ag brú chun solais i ngach brobh nuafháis.
Tá sé ag aoibhniú chugam i niamh gach datha
ag beoú an aeir faram lena bheatha.

Le gach anáil dá dtarraingím,
análaím chugam é ar an aer íon
chomh friseáilte le harán, chomh fionnuar le fíon.

[ATS, lch 85]

65. Sanctuary

Cathal Ó Searcaigh

The sense of this poem, like that of Poem 62 ('Worship'), is that the poet does not feel at ease with the institutional Church. It is through the miracle of life and creation that the True God may be seen, and that is how one may commune with him in a truly meaningful way. Ó Searcaigh feels that the rules and regulations of the Church obscure the faith from people. He would much prefer people to encounter God through the wonder of faith as it is revealed in the world around them, which God himself has created, than to look to formalised religion.

For Heather Allen

Here in the dip of the mountain
it is quieter than a country chapel.
I walk, cap in pocket, in silence
down the mossy carpet of the aisle,
down between the hummock pews,
and at the spink of the altar, I stand a moment,
as a faint, light breeze – the clerk –
censes all over the place the heather fragrance.

But in this hillside chapel there is no mention
of rule or law, and I'm not tormented
by the harsh piety of the pulpit
threatening woe on those who transgress.
No God of Tears nor God of Thorns,
God of Tyranny or God of Mercy
is this God I now gaze upon
but a God who cares not whether I am for or against him.

Here, it is with his life instead of his words
that whatever God there is reveals himself;
one who pays little heed to symbols of homage or
    thanksgiving.
The source of all vitality. Creator of the Elements.
It is enough for him to bring on, to make bloom
and push towards the light new growth in every stem.
He pleasures me in the lustre of every colour,
and enlivens the air about me with his life.

With every breath I draw in,
I inhale him on the pure air
as fresh as bread, as cool as wine.

Traidisiún Béil
Oral Tradition

Nóta

Baineann na dánta seo a leanas leis an traidisiún saibhir béil sa Ghaeilge. Dánta agus rainn iad seo a phléann le gach uile ghné den spioradáltacht. Ní fios cé a chum an chuid is mó acu. Is paidreacha agus guíonna iad a bhí an-choitianta i measc an phobail.

Note

The following poems come from the rich oral tradition in Irish. They give us some indication of the wide range of spiritual verse found in that tradition. We do not know who composed many of them, but they are prayers which are a long-established part of the religious tradition of the Irish language.

66. Is peacach bocht mé

Bhíodh an urnaí seo an-choitianta i measc na ndaoine i dTír Chonaill. Ba mhinic a deirtí i ndiaidh an phaidrín pháirtigh í. Is iomann coitianta sa Charghas anois í.

Is peacach bocht mé faoi ualach throm,
ar mhéad mo pheaca is aithreach liom,
admhaím creideamh Dé go síor,
le grá mo chroí 's le dóchas fíor,
ó chois na croiche glaoim suas,
ar Chríost, ár dTiarna – "Claon anuas!"

Fáilte dhuit, a Mhuire Mhór,
A Mhaighdean shíoraí, ár ndídean cóir.
A Mháthair Íosa, a réalt na mara,
a scáth na mbocht, ár n-anamchara.
Is tú thóg an bláth a thit le hÉabha,
is tú thóg is d'oil an tUan a shaor sinn.

A scátháin na suáilce 's a chiste 'n reacht,
a Chathaoir na heagna 'gus na humhlaíochta.
A Mháthair mhuirneach, 'a ríoghan na ndúil,
Scaoil ó na glais mé tá ceangailte go crua.
Anois agus ar uair ár n-éag,
Tabhair dúinne síocháin Dé.

A réalt na maidne, is airde céim,
sábháil sinn ar áit na bpian:
Sinne do chlann a ceannaíodh go daor,
agus tabhair go Flaitheas sinn go saor.

Go moltar faoi do choimirce gan mhaíomh
An tAthair, an Mac 's an Spiorad Naomh.

[DDU, lch 205]

66. A poor sinner am I

This used to be a very common prayer among people in Donegal. It was most frequently recited after the rosary. It is now commonly used as a hymn during Lent.

A poor heavily-burdened sinner am I,
I repent me of my many sins.
I profess without rest God's true faith
with the love of my heart and true hope.
From the foot of the cross I call upwards,
upon Christ our Saviour – "Incline unto me!"

Welcome, O Great Mary,
eternal Virgin, our just refuge.
O Mother of Jesus, O star of the sea,
O protection of the poor, our soul-friend.
You raised up the flower that fell with Eve,
You raised up and fostered the Lamb that saved us.

O mirror of virtue and treasury of right,
O Seat of wisdom and humility.
O loving Mother, O queen of the elements,
free me from the manacles which have me so sorely
    bound.
Now and at the hour of our death,
Grant unto us God's peace.

O morning star of highest state,
preserve us from the place of pain.
We are your family who have been won so dear,
bring us to Heaven with ease.
Under your patronage may be praised without grudge
the Father, the Son and the Holy Spirit.

67. Don Tríonóid Naofa

Rann gairid é seo a thugann iarracht ar dhiagacht na Tríonóide a mhíniú ar bhealach simplí trí úsáid a bhaint as gnáthnithe atá thart orainn go léir.

Trí fillte in éadach 's gan ann ach aon éadach amháin,
trí ailt i méar 's gan ann ach aon mhéar amháin,
trí dhuilliúir i seamróg 's gan ann ach aon tseamróg
   amháin.
Sioc, sneachta, leac oighre, níl insna trí ní sin ach uisce,
mar sin tá trí Phearsa i nDia 's gan ann ach aon
   Dia amháin.

[ÁPD, lch 121]

67. To the Holy Trinity

This short verse attempts to explain the theology of the Trinity in a simple way through the use of everyday things that we find all around us.

Three folds in cloth, yet there is but one cloth.
Three joints in a finger, yet there is but one finger.
Three leaves in a shamrock, yet there is but one
   shamrock.
Frost, snow, ice, yet the three are but water.
Likewise, three Persons in God, but only the one God.

68. A Mhuire na nGrás

Dán beag é seo in onóir na Maighdine Muire ina léirítear í mar chosantóir orainn agus muid ar ár mbealach tríd an saol seo. Is íomhá na máthar is láidre atá taobh thiar den dán agus a dhaingníonn an ról a shamhlaítear le Muire sa traidisiún Caitliceach.

A Mhuire na ngrás,
a Mháthair Mhic Dé,
go gcuire tú
ar mo leas mé.

Go sábhála tú mé
ar gach uile olc.
Go sábhála tú mé
idir anam is chorp.

Go sábhála tú mé
ar muir agus ar tír.
Go sábhála tú mé
ar lic na bpian.

Garda na n-aingeal
os mo chionn.
Dia romham
agus Dia liom.

[ÁPD, lch 191]

68. O Mary of Graces

This is a short poem in honour of the Blessed Virgin in which she is portrayed as one who protects us on our way through this life. The image of the mother is the strongest underlying theme in the poem and it reinforces the role normally associated with Mary in the Catholic tradition.

O Mary of graces,
O Mother of the Son of God.
May you direct
my well-being.

May you preserve me
from every ill.
May you preserve me
in body and soul.

May you preserve me
at sea and on land.
May you preserve me
from the flagstones of pain.

The guardian angel
be over me.
God go before me
and God be with me.

69. A Rí na hAoine

Is minic a chuirtear síos ar Chríost mar rí, agus sa traidisiún Ceilteach is lá speisialta sa tseachtain é an Aoine. Tugtar 'Rí na hAoine' go han-mhinic ar Chríost mar chuimhneachán ar an lá a fuair Críost bás ar an gcrois chéasta.

A Rí na hAoine do shín do ghéaga ar an gcrois,
a Thiarna, ó d'fhulaing tú na mílte 's na céadta loit,
sínimid síos faoi dhídean do scéithe anocht;
go scara tú orainn toradh an chrainn ar ar céasadh do
Chorp.

[ÁPD, lch 102]

69. O King of the Friday

Christ is often described as king and in the Celtic tradition, Friday is a day of special significance in the week. Christ is frequently referred to as 'King of the Friday' in memory of his death on the cross.

O King of the Friday, whose limbs were stretched on
the cross.
O Lord, since you did suffer hundred- and
thousand-fold great loss.
We stretch ourselves under the shelter of your shield
tonight.
May you shower upon us the fruit of the tree of your
body's passion and slight.

70. A Mhuire Mháthair

Sa dán gearr seo, ar paidir an-choitianta go fóill i nGaeltacht Thír Chonaill é, léirítear Muire mar mháthair agus mar idirghabhálaí cumhachtach idir an pobal agus Dia. Is minic a bhíonn dánta den sórt seo níos comhráití ó thaobh teanga de ná mar a bhíonn dánta eile faoin ábhar, agus go bhfeictear an gaol cóngarach pearsanta idir an té a bhfuil an dán á rá aige agus Máthair Dé sa teanga a úsáidtear.

A Mhuire Mháthair, bí trócaireach liom.
Labhair le hÍosa ar mo shon.
Abair leis gur créatúr bocht mé,
lán de pheacaí ó bharr go bun.
Ach gráim thú, a Mháthair dhílis,
is chugatsa i gcónaí a bhíos mo ghuí.
Déan impí orm le Cruthaitheoir Neimhe,
is beidh mé buíoch duit a choích'.

70. O Mother Mary

In this short poem, which is still a commonly-heard prayer in the Donegal Gaeltacht, Mary is portrayed as both mother and powerful mediator between the people and God. The language in poems such as this one is often more conversational in tone than that found in other religious poems, and the closeness of the relationship between the one who recites the prayer and the Blessed Virgin is reflected in the language.

O Mother Mary, have mercy on me.
Speak to Jesus on my behalf.
Tell him that I am a poor creature,

full of sin from top to toe.
For it is you I love, O faithful Mother,
to you I will always make my plea.
Plead for me with the Creator of Heaven,
and I will be evermore in your debt.

71. Go luímid le Dia

Paidir í seo a deirtí ag am luí agus is achainí ar Dhia a bheannacht a chur ar an té a bhí ag dul a chodladh. Iarratas atá ann chomh maith go nglanfaí gach smál peaca ó anam an duine roimh thitim ina chodladh ar eagla go dtiocfadh an bás go tobann i rith na hoíche air.

Go luímid le Dia,
go luí Dia linn,
go n-éirímid le Dia,
go n-éirí Dia linn,
nár luímid leis an olc,
nár luí an t-olc linn.
Dhá láimh Mhuire
faoinár gcinn,
cros ón aingeal
ónár mbaithis go dtí ár mbonn.
guím le Peadar,
guím le Pól,
guím le Muire Ógh
agus lena Mac.
Tar, a Mhichíl, agus glac mó lámh
agus déan síocháin m'anama le Mac Dé.

[ÁPD, lch 103]

71. May we lie down with God

This prayer was commonly said by a person before going to bed and is a request that God should bless them before they fall asleep. It is also a plea to God to cleanse their soul from sin in case they should die suddenly during the night.

> May we lie down with God,
> may God lie down with us,
> may we arise with God,
> may God arise with us,
> let us not lie with evil,
> nor let evil lie with us.
> Mary's two arms be
> under our heads,
> a cross from the angel
> from forehead to sole.
> I pray to Peter,
> I pray to Paul,
> I pray to the Virgin Mary
> and to her Son.
> Come, St. Michael, and take my hand
> and make my soul's peace with the Son of God.

72. An Domhnach

Paidir mholta agus fáilte don Domhnach atá anseo, ina
ndéantar buíochas a ghabháil leis an Tiarna as an lá scíthe a
chur chugainn i ndiaidh dua agus saothar na seachtaine.

Dé bheatha chugainn, a Dhomhnaigh bheannaithe,
lá breá aoibhinn tar éis na seachtaine,
lá breá aoibhinn chun Críost a agallamh.
Corraigh do chos is téire chun an Aifrinn.
Corraigh do chroí agus díbir an ghangaid as.
Corraigh do bhéal chun bréithre beannaithe.
Féach suas ar Mhac na Banaltran,
Mac na hÓighe, ós é a cheannaigh sinn,
gur leis a bhuafar beo agus marbh sinn.

[SUD, lch 25]

72. The Sabbath

A prayer of praise and welcome for the coming of Sunday in which the Lord is blessed for his gift of a day of rest after the week's toil and labour.

We welcome you here, O blessed Sabbath,
a fine pleasant day at the end of the week,
a fine pleasant day to talk to Christ.
Stir your feet and go to Mass.
Stir your heart and drive out its bitterness.
Stir your lips to words of blessedness.
Look up towards the Son of the Nurse,
the Son of the Virgin, for it is he who redeemed us,
that by him in life and in death we may prosper.

73. Comhairle an tsagairt

Dán gearr a chuirtear i mbéal an tsagairt mar chomhairle don té ar mhaith leis a shaol a chaitheamh i gceart. Samhlaítear gur comhairle í seo a thabharfadh sagart i ndiaidh faoistine nó ag deireadh an Aifrinn, b'fhéidir.

Seachain an peaca arís i do shaol;
Bain as do bheatha feasta ciall.
Cad é fuair tú riamh dá shult abhus
ach buairt aigne is pian cogúis?

Bí diaga ceart le grá do Dhia.
Bí rialta glan i do shaol níos sia.
Bíodh do bheatha gan locht gan bhéim,
is gheobhair Íosa, is taobh leis réim.

Lean an riail do lean gach naoimh.
Lean go críoch í go caoin glan séimh;
is beannacht Dé ghil gheobhair go fíor
ar feadh do saoil is ar neamh go síor.

[SUD, lch 43]

73. The priest's counsel

The words of this short poem are put into the priest's mouth as his advice to someone anxious to live a good life. One imagines that the advice might be given after confession or during Mass.

Avoid all sinfulness henceforth in your life;
derive from life evermore good sense.

In this life what have you gained from its pleasure
but anguish of mind and a conscience pained?

Be devout and true in your love for God.
From now on let your life be constant and pure.
Live your life free from fault and blow,
and you shall find Jesus, and through him favour.

Keep to the rule which saints have followed.
Follow it to the end gently, purely and placidly,
and dear God's blessing you shall truly attain
all through your life, and forever in Heaven.

74. In onóir na Tríonóide

Achainí ar an Tríonóid Naofa atá anseo go gcaomhnóidh, go naomhóidh agus go gcuideoidh an Tríonóid leis an té a bhfuil an phaidir á rá aige.

In ainm Athar,
in ainm Mic,
in ainm Spioraid,
Trí san Aon.

Caomhnaíodh Athair mé,
caomhnaíodh Mac mé,
caomhnaíodh Spiorad mé,
Rí uilechaomh.

Naomhaíodh Dia mé,
naomhaíodh Críosta mé,
naomhaíodh Spiorad mé,
Trí uilenaomh.

Cúnadh Trí mo dhúil,
cúnadh Trí mo rún,
cúnadh Trí mo shiúl,
agus mo ghlúin gan chlaon.

Go dtuirlinge beannacht an Athar,
an Mhic agus an Spioraid Naoimh anuas orainn
    i gcónaí.
Go sealbhaí siad inár measc anois,
de shíor agus de ghnáth.

Glóir is onóir don Athair,
don Mhac agus don Spiorad Naomh.

[SUD, lch 61]

74. In honour of the Trinity

An appeal by the person reciting the prayer seeking the protection, the sanctification and the help of the Holy Trinity during the journey through life.

In the name of Father,
In the name of Son,
In the name of Spirit,
Three in One.

May Father protect me,
May Son protect me,
May Spirit protect me,
King ever-gentle.

May God sanctify me,
May Christ sanctify me,
May Spirit sanctify me,
Three all-holy.

May the Three aid my desire,
May the Three aid my purpose,
May the Three aid my walking,
And my kin without ill.

May the blessing of the Father,
the Son and the Holy Spirit constantly descend on us.

May they settle among us
for ever and always.

Glory and honour be to the Father,
the Son and the Holy Spirit.

75. Lúireach Phádraig

Paidir cháiliúil ina n-iarrtar ar Chríost bheith i gcuideachta an té atá á rá i ngach cuid den saol agus i ngach gníomh a dhéantar ó lá go lá.

Críost liom,
Críost romham,
Críost i mo dhiaidh,
Críost istigh ionam,
Críost fúm,
Críost os mo chionn,
Críost ar mo láimh dheas,
Críost ar mo láimh chlé,
Críost i mo luí dom,
Críost i mo shuí dom,
Críost i mo sheasamh dom,
Críost i gcroí gach duine atá ag cuimhneamh orm,
Críost i mbéal gach duine a labhraíonn liom,
Críost i ngach súil a fhéachann orm,
Críost i ngach cluais a éisteann liom.

[ÁPD, lch 143]

75. St. Patrick's Breastplate

A famous prayer in which an appeal is made to Christ to be present with the person saying the prayer in every aspect of life and in every deed that is done from day to day.

Christ with me,
Christ before me,
Christ behind me,
Christ within me,
Christ below me,
Christ above me,
Christ on my right hand,
Christ on my left hand,
Christ in my lying,
Christ in my sitting,
Christ in my standing,
Christ in the heart of everyone who thinks of me,
Christ in the mouth of everyone who speaks to me,
Christ in every eye which looks upon me,
Christ in every ear which listens to me.

76. Seacht suáilce na Maighdine

Amhrán traidisiúnta é seo in onóir na Maighdine Muire. Tá an-chuid leaganacha de ann agus chantaí go minic sa traidisiún ceoil é. Moltar an Mhaighdean Mhuire as an chineáltas agus as na buanna a bhí aici mar mháthair ar an Slánaitheoir.

An chéad suáilce 'fuair an Mhaighdean Bheannaithe,
nárbh í sin an tsuáilce mhór,
suáilce 'fuair sí óna hAonmhac Íosa,
gur thug sí 'un tsaoil é i mbothán cró.

Curfá:
    Seinn alleluia, seinn alleluia,
    Seinn ailliliú, seinn ailliliú,
    Seinn alleluia.

An dara suáilce 'fuair an Mhaighdean Bheannaithe,
nárbh í sin an tsuáilce mhór,
suáilce 'fuair sí óna hAonmhac Íosa,
gur shiúil sí léithe 'n ród.
    Seinn &rl.

An tríú suáilce 'fuair an Mhaighdean Bheannaithe,
nárbh í sin an tsuáilce mhór,
suáilce 'fuair sí óna hAonmhac Íosa,
go ndeachaigh sí ag léamh a leabhair.
    Seinn &rl.

An ceathrú suáilce 'fuair an Mhaighdean Bheannaithe,
nárbh í sin an tsuáilce mhór,
suáilce 'fuair sí óna hAonmhac Íosa,
go ndearna sé den uisce beoir.
    Seinn &rl.

An cúigiú suáilce 'fuair an Mhaighdean Bheannaithe,
nárbh í sin an tsuáilce mhór,
suáilce 'fuair sí óna hAonmhac Íosa,
go ndearna sé an marbh beo.
    Seinn &rl.

An séú suáilce 'fuair an Mhaighdean Bheannaithe,
nárbh í sin an tsuáilce mhór,
suáilce 'fuair sí óna hAonmhac Íosa,
gur shaor sé lena fhuil an domhan.
    Seinn &rl.

An seachtú suáilce 'fuair an Mhaighdean Bheannaithe,
nárbh í sin an tsuáilce mhór,
suáilce 'fuair sí óna hAonmhac Íosa,
gur chuir sé uirthí coróin.
    Seinn &rl.

[ÁPD, lch 197]

76. The seven virtues of the Virgin

This is a traditional song in honour of the Blessed Virgin.
Many versions of the song exist and were sung in the Irish
tradition. The Virgin is praised in this poem for her gentleness
and for her attributes as the mother of the Saviour.

The first virtue the Blessed Virgin received,
wasn't that the great virtue,
a virtue she received from her only son Jesus,
that she gave birth to him in a stable.

Refrain:
    Sing alleluia, sing alleluia,
    Sing allelu, sing allelu,
    Sing alleluia.

The second virtue the Blessed Virgin received,
wasn't that the great virtue,
a virtue she received from her only son Jesus,
that he walked the road along with her.
    Sing alleluia, etc.

The third virtue the Blessed Virgin received,
wasn't that the great virtue,
a virtue she received from her only son Jesus,
that he went along reading his book.
    Sing alleluia, etc.

The fourth virtue the Blessed Virgin received,
wasn't that the great virtue,
a virtue she received from her only son Jesus,
that he made from the water ale.
  Sing alleluia, etc.

The fifth virtue the Blessed Virgin received,
wasn't that the great virtue,
a virtue she received from her only son Jesus,
that he made the dead rise.
  Sing alleluia, etc.

The sixth virtue the Blessed Virgin received,
wasn't that the great virtue,
a virtue she received from her only son Jesus,
that with his blood he saved the world.
  Sing alleluia, etc.

The seventh virtue the Blessed Virgin received,
wasn't that the great virtue,
a virtue she received from her only son Jesus,
that he placed on her head a crown.
  Sing alleluia, etc.

77. Seacht ndólás na Maighdine

Amhrán é seo a dhéanann cur síos ar na dóláis a d'fhulaing Muire ina saol toisc gurb í máthair Chríost í. Is caoineadh truamhéalach é a chuireann in iúl go paiteanta an crá croí a mhothaigh an Mhaighdean ag pointí éagsúla i saol Íosa ar domhan. (Tá litriú cuid de na focail tugtha chun caighdeáin agam.)

An chéad dólás a bhí ar an Maighdean,
   is í ag féachaint ar a leanbh,
Nuair a rugadh ins an stábla é gan folach faoi nó thairis.
   Och ochón, a Íosa, is tú mo leanbh,
   Och ochón, a Íosa, is tú Rí geal na bhFlaitheas.

An dara dólás a bhí ar an Maighdean,
   is í ag féachaint ar a leanbh,
Nuair a fuair sí scéala ón Éigipt go mbéarfaí uaithi
   a leanbh.
   Och ochón &rl.

An tríú dólás a bhí ar an Maighdean,
   is í ag féachaint ar a leanbh,
Nuair a nochtadh dá chuid éadaigh é agus cuireadh
   ruaim ar an lá bán.
   Och ochón &rl.

An ceathrú dólás a bhí ar an Maighdean,
   is í ag féachaint ar a leanbh,
Nuair a brúdh an choróin le spíd air go dtáinig
   an fhuil 'na caisligh.
   Och ochón &rl.

An cúigiú dólás a bhí ar an Maighdean,
    is í ag féachaint ar a leanbh,
Nuair a cuireadh ar an gCroich Chéasta é, is tairní géara
    dá cheangal.
    Och ochón &rl.

An séú dólás a bhí ar an Maighdean,
    is í ag féachaint ar a leanbh,
Nuair a leagadh den gCroich Chéasta ina hucht féin is
    é marbh.
    Och ochón &rl.

An seachtú dólás a bhí ar an Maighdean,
    is í ag féachaint ar a leanbh,
Nuair a cuireadh sa gcré go fuar faon is é marbh.
    Och ochón &rl.

[CTM, lch 272]

77. The seven sorrows of the Virgin

This poem, which was widely known and sung in the Irish tradition, describes the sorrows suffered by Mary during her life as mother of Christ. It is a plaintive and poignant 'keen' that passionately reveals the anguish endured by the Virgin at various points in Christ's life on earth.

The first sorrow the Virgin suffered,
    as she gazed upon her child,
was his birth in a stable with neither covering about nor
    above him.
    Oh alas, O Jesus, it is you who are my child,

Oh alas, O Jesus, it is you who are the bright King of Heaven.

The second sorrow the Virgin suffered,
    as she gazed upon her child,
was when she received tidings from Egypt that her son
    would be taken away from her.
    Oh alas, etc.

The third sorrow the Virgin suffered,
    as she gazed upon her child,
was when he was stripped of his clothing and when the
    bright day turned blood-red.
    Oh alas, etc.

The fourth sorrow the Virgin suffered,
    as she gazed upon her child,
was when the crown was forced spitefully upon him
    and the blood came streaming.
    Oh alas, etc.

The fifth sorrow the Virgin suffered,
    as she gazed upon her child,
was when he was hung on the Cross of Torment,
    attached there by sharp nails.
    Oh alas, etc.

The sixth sorrow the Virgin suffered,
    as she gazed down at her child,
was when he was taken down from the Cross of
    Torment and laid at her bosom.
    Oh alas, etc.

The seventh sorrow the Virgin suffered,
    as she gazed down at her child,
was when his dead body was placed, cold and limp, in
    the ground.
    Oh alas, etc.